川原慎也 著
松尾陽子 シナリオ制作
谷口世磨 作画

# マンガでやさしくわかるPDCA

Plan・Do・Check・Action



日本能率協会マネジメントセンター

# はじめに

私が初めてＰＤＣＡをテーマにした本を出版させていただいたのは２０１２年の夏でした。当時は、あまりにも当たり前の概念であるがゆえにどうしても誤解を生みやすいＰＤＣＡマネジメントについて、まずは各企業で頑張っているリーダークラス（部・課長を中心に部下をもつかた）に、正しく理解してもらいたいという気持ちが強かったように思います。

それから約４年が経過し、日本能率協会マネジメントセンターから今回の出版の話をいただいたときに改めて思ったことは、もっとシンプルにＰＤＣＡマネジメントの本質を伝えることはできないだろうかということでした。

その本質をキーワードとして表現すると、本書でも繰り返し取り上げている〝変化〟という言葉がもっとも適切ですし、だからこその〝チャレンジ〟になります。

いざＰＤＣＡをスタートさせようという時点でもっとも避けなければならないのは、「今までの仕事のやり方や進め方」を前提にしながら、そこにＰＤＣ

Aを当てはめようとすることです。その点に気づかないままにマネジメントを進めようとすると、「P計画D実行はできている（よもやそこができていないとは思えない）から、C評価A改善がうまく回せていないということになる」という、ポイントのずれた判断を招いてしまい、もはや何が問題なのかも見えなくなるという状況に陥ってしまいます。

読者の皆さんには、ぜひともこの点における気づきを大切にして下さい。

企業を取り巻く環境を表現する際に、よく「先行き不透明」といった言葉が使われます。

確かに将来起きることは予測不可能だという視点でみると、決して間違いではありませんが、一方で、〝少子化〟によってすでに顕在化しつつある企業の人材不足は、年を追うごとにより深刻化していくことは予測可能な課題です。

これまで各企業は、どちらかというと〝コスト削減〟という観点で〝生産性向上〟に取り組んできたように思いますが、これからは人材不足への対応を意図した次の〝生産性向上〟に取り組んでいかなければなりません。

「ひとりあたり売上1・3倍」「ひとりあたり処理量1・3倍」「受注あるいは

生産のリードタイム半減」、生産性向上には大きな変化が求められます。〝ワークライフバランス〟や〝働き方革命〟という言葉が一般化してきた世の中において、〝生産性向上〟を実現するには大きな変化が求められるでしょう。

このような〝変化〟の局面で活用してもらいたいのがＰＤＣＡです。

今一度ＰＤＣＡの認識を捉え直して、来るべき時にぜひ備えてもらいたいと思います。

川原　慎也

マンガでやさしくわかるPDCA　目次

# Part 2

# Do／実行段階で「想定外」は起きて当たり前

# Part 3

## Check・Action／CAは超短期サイクルで回す

# Epilogue

Prologue

# なぜPDCAが回らないのか？

私は平山かれん
職員旅行パック
修学旅行パック
PDCAツーリストで営業をやっています

PDCAツーリスト

業務成績

…受注数が
伸びないなぁ
こんな田舎の
旅行会社じゃあねぇ…

ガチャッ
みんな
ちょっといいかな?

営業部長?

どーんっ
この度！
我が社は！
地域活性化のプロジェクトを発足することになった！
ええっ!?
なんでまた急に…？
旅行とは人の流れ！
すなわち！旅行会社とは人の流通を促進するもの！
近年過疎化の進んでいるこの土地に人や物の流通を復活させるんだよ！

あの…
具体的には
なにをすれば…

それは君たちが
企画してくれよ
ええーっ!?

あの…
通常業務は
どうなるんですか?
もちろん
いつもどおりに
やってもらうよ!
ええーっ!?
そんなの無理ー!!

ただでさえ業績が
良くないのに
同時進行で
そんなことも
できません!

ふっふっふ
PDCAを使えば
大丈夫！
PDCA？
聞いたことはあるけど…
なんだっけ？

PDCA
というのはね！
Plan
Do
Check
Action
この図のとおりに
計画→実行→評価→改善と
順番に進めれば絶対業績が
アップするんだから
やってよ！
ええ〜っ

それからすぐに
私たちはＰＤＣＡ
というものを使って
仕事をすることに
なりました。

えっと
Ｐは計画…
う〜ん
Ｐ計画
目標達成のためには
受注数を
増やさなくちゃね

かれんさんっ
地域活性化の
プロジェクトの企画
なにか思いつきました？
えっ…
えーと…

あっ 私
営業行かなくちゃ！
すたこら
さっさ〜

Dは実行…

営業の件数を増やせばいいのね
隣の街まで足を伸ばしてみようか…

Cはチェックで Aは改善だっけ
これは1年後 結果が出てからでいいよね

うちは間に合ってるよ!
ガーン
もう他の業者さんに決めちゃってるから
ガーン
職員旅行パック
そんなー!!

数週間後
ずうう〜〜ん…

うう〜ん…営業先を増やしたはいいけど…
ぜんぜん受注につながらない…

他の街にはそこの旅行会社がいるし…

でもそろそろ地域活性化のプロジェクトだけでもなにかやらないとまずいよね…
でもなんにもアイデアが出てこない…

うーん…
いっその事
ウェブページで
企画を募集するって
どうですか？
ガタッ
なるほど！
それなら私たち
楽できるね！
でも
ウェブページって
どうやって
作るんですか？
……えっと…
作ってもらえば
いいのよ！
カタ
カタ
一番最初にヒットした
この会社に丸投げ
しちゃおう！

そして
地域活性化プロジェクト
企画アイディア募集！
採用者には旅行券プレゼント！
これで完璧ね！
わあっ！

数ヶ月後

どんより…

全然応募こないんだって？
ヒソ
ヒソ
そうらしいです…もう部長ピリピリしちゃって…

これはどういうことだね？
ゴゴゴゴ…

しょぼ～ん
すみません……

私だって
知りたいよ！
応募者が全然
来ないんです！
あのウェブページ
ちゃんと公開してい
ますよね!?
え？
もちろんですよ。
SEO対策は
一通りしましたから
リンクだって
1000件のサイトから
貼られていますよね？
実際アクセスは
増加しましたよね？
!
えっと…
そういえば…
リンクも
アクセス解析も
ちゃんと確認
していなかった…
言い難いのですが…
応募が来ないのは
こちらではなくて
御社の…
はあ…

無理も無いよ…
ウェブページ制作に100万円もかかったらしいから
えっ本当ですか…!

ビクッ
そこ!他人事じゃないぞ!

2ヶ月経つがいっこうに営業の成績が上がってこない!
ちゃんとPDCAを使っているのか?

はぁ…すみません…

数日後
添乗の仕事中

かれんちゃん歌ってー!!
え!?

お客様の要望を無下にはできない…
で…では…
おほん…

はははははははは
へただなー!!
面白い歌い方ー!!
え!

はははははははは
はははははははは

はあ…
私だって本当は都会の大手の旅行会社に勤めたかった…
こんな田舎でバカにされるために働いてるんじゃない…
とぼ
とぼ
もう仕事続けられる自信がなくなってきちゃったよ…

♪
♪
♪
!

今の…
あの曲…

カラオケ教室？
こんなところに
あったっけ…？
カラオケ教室
ドラゴン西の
カラオケ教室
Well
come!
Well
come!
はっ
はははははは
やっぱり
やめよう！
くるっ
ガチャ
あれ？

見学？
遠慮しないで
入って入って！
いえっ…
私は…

あら
見学の方?
珍しいなぁ!
大歓迎よ!
ゆっくりして
いってね!
わあっ!
…まあ
見学だけなら…
ではもう一度
はじめから
行きましょう~
はーい!
ピ
あ…!

いやっ！
うら〜さ〜ぎ
お〜いし
か〜の〜
や〜〜ま〜〜
今この歌
聞きたくないのに…！
わははは
ははははっ
なにそのうごき〜！
くね
くね
ゆ〜め〜は
い〜ま〜も
やたらこぶしが
きいている
ぷっ

みんな楽しそうでしょ
せっかくだし歌いましょ♪
すっ
えっ
でも私っ本当に下手で…！声だって…！
ここは上手に歌うことを目標にしてないのよ
あんな風に感じるまま、思うまま、気持よく歌うことを目指してるの
さっ♪さっ♪
くいっ
あっ
♪～

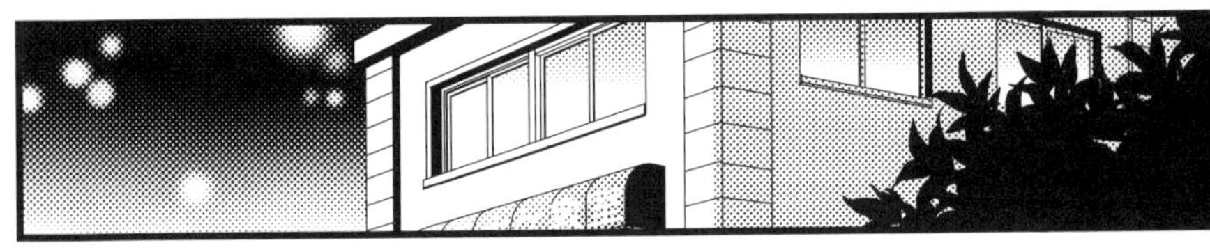

楽しい…！
歌うって
楽しいですね！

その秘密は
PDCAなんだよ！

えっ!?

いつも先生が言ってるの詳しいことはよくわかんないんだけど

PDCAって…カラオケにも使えるんですか?

おっ気になっちゃう?
でも、詳しいことは教室に入ってもらわないと教えられないなぁ

私…
この教室に
通います！
おっ？
いいねぇ！
わあっ
みんな
新しい仲間だよ！

ようこそ！
うれしい
わぁ！
一緒に
楽しもうね！

ここには
いろんな
人たちがいる
主婦…
教師…
八百屋さん…
バンドマン…
そして
子どもたち…

ここなら私の
コンプレックスを
克服できるかも
しれない…

カラオケ教室に
通うようになって
数ヶ月後
教室
どう?
あっ先生
楽しい
です!
…でも
ここではPDCAが
うまく回っているのに
私の会社ではできなくて
どうしてかなって
いつも思ってしまうんです

PDCAがねぇ…
PDCAって
なんなんですか?
どうすればうまく
回せるんですか?

PDCAで
一番大切なのは
Pなんだよ!

えっ
Pって確か…
計画…ですよね
そうそうそう
計画とは
現在起きている問題を
いかに解決するか
新たに
取り組むべきことを
いかに推進するか
それを落としこむ
ことなんだよ
えっ…
私の立てた計画とは
違う気がする…?

つまり
このままじゃだめだ
という現実をしっかり
チェックすること
そして
どこへ向かっていくべき
なのかというゴールを
イメージすること
ガーーー
現実を
チェックなんて
考えたことも
なかった…！

もしかして平山さんは
間違ったPDCAを
回そうとしている
かもしれないね
そうか！
私がやってきたのは
違うんだ！
教えて下さい
先生！
本当のPDCAを！

01

# そもそも計画が作れていない

## ⇩回らないPDCA

ＰＤＣＡ、本書を手にとっていただいている皆さんであれば十分理解されている言葉でしょう。Ｐｌａｎ：計画を立てる、Ｄｏ：それを実行する、Ｃｈｅｃｋ：実行したことをふり返る、Ａｃｔｉｏｎ：うまくできるように改善する、この頭文字をとってＰＤＣＡと呼ばれており、ビジネスの世界ではすでに一般的な言葉です。

私はすでにＰＤＣＡをテーマにした書籍を3冊ほど出版させていただいており、その影響もあって「ＰＤＣＡを上手く回したい」多くの企業からコンサルティングの依頼を受けていますが、その経験から「ＰＤＣＡが回っていない」と悩んでいる企業、あるいはリーダーの皆さんには共通点があることに気づきました。

それは何かというと、ＰＤＣＡという言葉そのものが極めてシンプルであり、その意味もビジネスを推進するうえでは当たり前であるがゆえに、「ＰＤＣＡ位のことは当たり前にやれてしかるべきだ」という大前提で導入しようとしてしまうことにあります。

コンサルティングの依頼を受けるパターンも、経営者もしくは経営幹部のかたから、「ウチの部課長クラスはどうもＰＤＣＡを回すという基本的なマネジメントができていないから、研修で教えてもらえないだろうか」といったカタチが最も多いように思います。

つまり、多くのかたが、ＰＤＣＡがうまく回っていないように感じるのは、現場をみている部課長のマネジメントスキルがないからだという認識を持っているということです。

## ⇩「PDはできているがCAはできない」？

当事者である部課長の皆さんも、スキル不足が原因だと思われているようで、「一体ＰＤＣＡのどこが難しく感じますか？」と質問すると、「Ｐｌａｎ（計画を立てる）、Ｄｏ（実行する）に関しては、まあ普段やっていることだと思っているのですが、Ｃｈｅｃｋ（振り返る）、Ａｃｔｉｏｎ（改善する）というステップは決してうまくやれてるとは思っていないので、そこが難しい点です」、つまり「ＰＤはできているがＣＡはできない」ということになりますが、大体80％位のかたがこのような認識をしているように感じます。「ＰＤＣＡではなくて、ウチはＰＤＰＤです」などとコメントするかたもかなりの割合で存在します。

どうしても違和感を持ってしまうのは、仮に計画が、考え抜いて作り込まれたものであるとするならば、「実行したことを振り返り、うまくいかなければ改善する」というプロセスを踏むことがむしろ必然ではないかという点で、そう考えると、**多くのかたができていると考えている計画こそが、実は計画の体をなしていない**のではないかと考える方が理にかなっている気がしたのです。

よって研修等の場には、部課長の皆さんが活用している計画表を持参してもらうのですが、やはり（考え抜いて作り込まれた）計画といえるようなレベルには到達していないものがほとんどです。象徴的な例としては、年間の売上目標を月別に分解、さらには商品別、顧客別等々いくつかの軸でも分解しており、それを計画表だと思い込んでしまっているケースがあります。

このようなパターンに陥ってしまうと、そもそも計画が明確にされていないので、Ｃｈｅｃｋの際には「目標を達成したのか否か」と結果を振り返ることしかできません。達成していれば「よしよし予定通りだ」ということでしょうし、達成できなかった場合に「その原因は何だろう」と考えたところで、結果に影響を及ぼす因子は内部要因に限らず外部要因も多々あることから、結局よくわからないということになってしまうわけです。
「ＰＤはできているけどＣＡはできない」という認識の背景には、このように計画に対する理解がどうしても浅くなってしまうことがあるようです。

## ⇩ＰＤＣＡは変化のマネジメント手法

計画に対する理解が浅いというのは、端的に言うと、考え抜いて作り込む過程をたどっていないということなのですが、それは「**今まで取り組んできた仕事の進め方ややり方をＰＤＣＡに当てはめようとしている**」ことに起因しています。
「え？　それのどこがいけないの？」と思われるかたもいると思うので、ここはぜひじっくりと考えてみてください。

これまでの仕事の進め方ややり方を続けるということは、これまでと同じような結果しか望んでいないということではないでしょうか。

特に、日本国内を主戦場にしている企業の多くは、戦っている市場が安定期あるいは衰退期に差し掛かっているような状況にあるなかで、かつてのような売上向上が難しくなっていると感じている企業は決して少なくありません。

高度経済成長期のように、市場そのものが成長していた時代は、そもそも仕事量がどんどん増えているような状況であり、企業側はその仕事量をこなしていくために仕事の進め方ややり方を変えていかなければならなかった時代です。

変化（変わること）は難しいといった言葉をよく耳にしますが、その時代は市場拡大という外圧によって、本来は難しい変化に、多くの企業が挑戦していた時代です。

しかしながら現在は、バブル崩壊以降、「失われた10年」あるいは「失われた20年」などと言われ続けてきたように、明らかな低成長の時代です。

市場拡大という外圧が期待できないなかで、現場で働く従業員の意識が「今まで通りの仕事の進め方ややり方で良いんだ」などと思っていて何も変わらな

## 自社の戦う市場がどんな状況にあるのかを掴むことは必要不可欠!

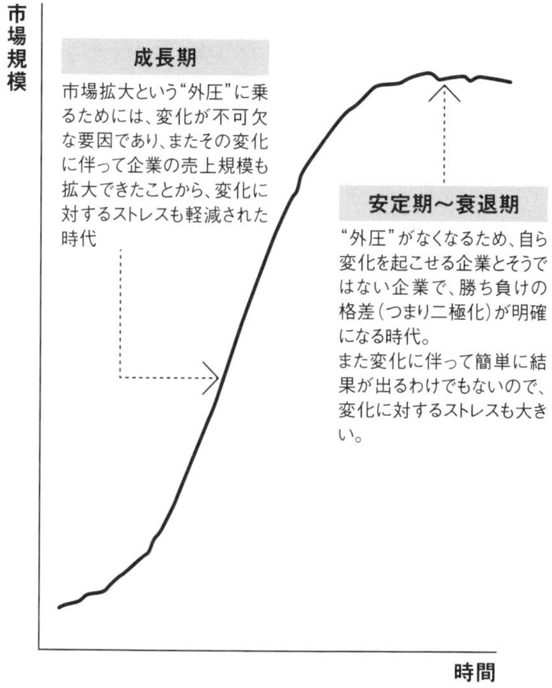

市場規模

**成長期**

市場拡大という“外圧”に乗るためには、変化が不可欠な要因であり、またその変化に伴って企業の売上規模も拡大できたことから、変化に対するストレスも軽減された時代

**安定期〜衰退期**

“外圧”がなくなるため、自ら変化を起こせる企業とそうではない企業で、勝ち負けの格差（つまり二極化）が明確になる時代。
また変化に伴って簡単に結果が出るわけでもないので、変化に対するストレスも大きい。

時間

いのであれば、企業の業績も今までと同じレベルでほぼ変わらないのが当たり前だと思うのです。

よって、まずはＰＤＣＡに対する認識を変えるところからスタートしてもらわなければなりません。

「今までの仕事の進め方ややり方のままでうまくマネジメントしよう」などと考えるのではなく、「**会社（あるいは所属部門）の業績を向上させるために変化すべきことをマネジメントする**」と考えるべきであり、それこそがＰＤＣＡの使いどころなのです。

# Part 1

# Plan／勝てる目標・計画の作り方

営業部
昼ミーティング
えー
ほかになにか
あるひとー
うと
うと
あっ はい
あの地域活性化
プロジェクトと
業績アップの件
なんですけど
現状を確認
したいんですけど
いいですか?
うん うん
ペラ…

ＰＤＣＡのＰは
現状の振り返りが
スタート地点だよ
ほー
あの…
部長…
？

現在行われている
業務はうまく
回っていません
業績は伸びていませんし
地域活性化プロジェクトの
企画も出ていません

どうしてうまく
いかないんでしょう？
ムッ

業績については
君たちの営業が
良くないんだよ

どうして
ですか？

？

どうして営業が良くないんですか？
問題に対して「なぜ」を5回繰り返して根本の原因を見つけるんだ
正しい事実を把握することが大事だ

僕が若い時はね足が棒になるくらいあちこち回って営業したもんだ
君たちは僕くらい客先を回っていないでしょ？
どうして回る件数が増えると受注数が増えるんですか？

あの…
私たちこの1ヶ月営業先を増やしたんです
でも会ってもらえなかったりお話する時間が短かったりして結局受注にはつながらなかったんです

……ま、まだ1ヶ月
だからだろう
足繁く通えば…
どうして?
うっ

あの…
実は…
ス…
新しい営業先には
すでに馴染みの
旅行会社さんがいて
そちらとの関係が
強かったためだと
思います

ということは…
フムフム
営業まわりの
件数を増やしても
受注にはつながり
にくいと
そうなります
あっ
そうか!
はっ
だったら
それ以外の
アプローチの
方法を考えないと

…それなら…
ス…
今までは
会社や学校など
法人向けに営業
してきましたよね
それ以外の
層に向けて
なにかできない
でしょうか
うちは
地域密着型の会社だし
地域の人達も
取り込めるなにか
ってことね
う〜〜〜ん…

それと
地域活性化
プロジェクトの
件ですが…
こちらもうまく
いってないですよね

それも
どうして?
…か
コクン

みんな
地域活性化プロジェクトがうまくいっていないのはどうしてかな?

えっと営業が忙しくて手が回らなかったんです
どうして?

営業件数を増やすと外回りにかかる時間も増えるし…
会社で企画を考える時間がなくて…

通常業務との両立は難しいです

時間ができれば両立は可能ということかな?

えっと…

…時間がないことが
問題ではなさそうだね
問題の捉え方次第で
解決策にも深みが出る
それは本当に
問題なのか？
ということも考えて

…正直に
言います
と…
うん
言ってくれ

どうして私たちが
地域活性化
プロジェクトを？
という気持ちです
これは本当に
私たちの仕事
なんでしょうか…

し〜〜〜〜ん…

うん…
そうか…

ブルルルルル

とりあえず今日は現状を確認して問題がわかったということでよしとしよう
じゃあ解散
仕事に戻ってくれ
ガチャ

バタン
ホーーーッ

とりあえず営業の別のアプローチを考えましょう!

その日の夜
カラオケ教室——
今日の
かれんちゃんは
やけになってるねー
そうねー
はい
休憩〜
今日はなにか
やけになってた
みたいだけど？
あっ…
わかっちゃい
ます…？
歌を聞けば
わかるよ
…実は
会社で…
かれんは現状と問題を
確認したまではいいが
そこから先を
どうしたらいいか
わからないと相談した

なるほど
平山さんの会社は戦略的PDCAが必要みたいだね

？

PDCAには『オペレーションPDCA』と『戦略的PDCA』の2種類あるんだ
オペレーションPDCA
戦略的PDCA

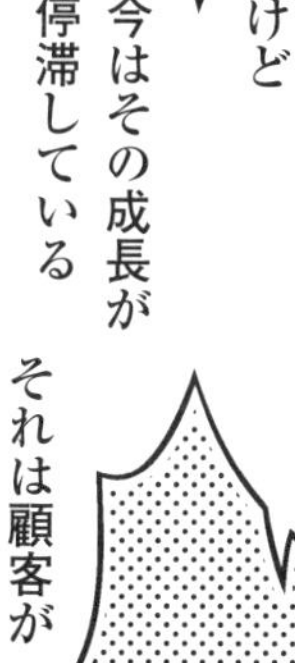
今までは訪問件数を増やせばそれだけ受注が増えて会社が成長していったけど
今はその成長が停滞している
それは顧客が飽和状態にあるためだ
量
オペレーションPDCA
質
戦略的PDCA
これを抜け出すには量ではなく質を重視する必要があるんだね
フムフム

じゃあ
これから
どうすれば…
ゴールにむけて
勝てるイメージが
持てる計画を
つくること
実行に値する計画か
検証すること
それを踏まえたうえで
まずは会社の知名度を
上げることが大切だね

つまり
それって…
カラオケ教室

翌週
ミーティング

いままでの営業とは
別のアプローチ方法を
考えてきてもらったんですが
それを聞く前に
ちょっとショックな
事実が判明したので
聞いてください…
ペラ

えっ…
ざわっ

実は…
先日
カラオケ教室でわが社…
PDCAツーリストを
知っているかアンケートを
してみました
その結果
ほとんどの
人が…

いや…
知らないなぁ
名前は聞いたこと
あるけど
どこにあるかは…
…という
ことでした

だからまずは
会社の知名度を
上げることが
必要だと思うんです
そのための企画を
考えましょう

う〜ん…

ターゲットの
年齢層をもっと
広げたツアーを
企画するのは
どうでしょう

地域の家庭に
チラシを配るのは
どうですか？

くじ引きで安いツアーが当たるイベントをやるってどうです？
ほう！
なるほど…
私は役所とコラボして地域を巻き込んだイベントをやるというのを考えました
キュ
キュ
アイデアが出揃ったところでゴールをもう一度確認しましょう
ゴール？

目標のことだね上からは2年で業績を2倍にしろと言われている
キュ
キュ
でも正直に言ってこれは無理な数値ですよ
まあ…そうかもしれないな
だったら2年でどれくらいアップできそうですか？
うーん…いまのままだとあまり…
じゃあみんなが出してくれたアイデアを実行すれば？
!!

もちろん
実行可能かどうかは
検討しなきゃですけど
検討って
どうすればいいの？

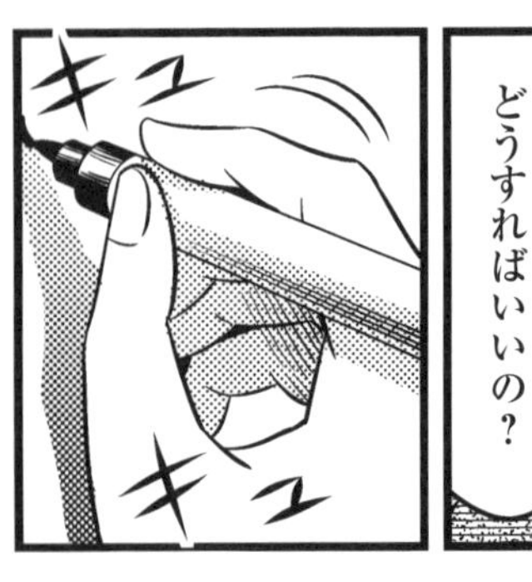
キュ
キュ

何を
いつまでに
だれが
どうやって
•何を
•いつまでに
•だれが
•どうやって
これを順番に
チェックするの

おおー！
それなら
わかりやすい

地域の家庭にチラシを配るアイデアなんだけど…
チラシを次の大型連休までに社員でポスティングすればできます！
ちょ ちょっとまった それは無理！
なにがですかー？
ポスティングは私たちでは無理だよ
それは業者に任せましょう
あとは肝心のチラシの中身だ
これは誰が担当するんだ？
はっ
えっと…
考えてなかったです…
しゅん
ドンマイ！落ち込まないで！

こんな感じで
1つずつ検討
すればいいのよ
は、はい！
こうして
残りのアイデアも
検討されていった
ばーーん！
地域の家庭に
チラシを配る
・何を　：チラシ(内容は未定)
・いつまでに：○月○日まで
・だれが　：ポスティング業者に委託
・どうやって：ポスティングで
ターゲットの年齢層をもっと広げた
ツアーを企画する。
・何を　：ターゲットの年齢層をもっと広げたツアーを
企画する。
・いつまでに：？
・だれが　：
・どうやって：
くじ引きで安いツアーが
当たるイベントをやる。
・何を　：1等は999円でハワイ旅行が
当たるくじ引きのイベント
・いつまでに：○月○日
・だれが　：営業部のみんなで
・どうやって：来てもらったお客様に
1人1回ずつガラポンを
回してもらう
役所とコラボして
地域を巻き込んだイベントをやる
・何を　：役所とコラボして
地域を巻き込んだイベント
・いつまでに：？
・だれが　：営業部と役所の人
・どうやって：？

この中ですぐにできそうなのはくじ引きのイベントですね
チラシもポスティングしてもらいましょー
外回りのときにもみんなで一声かけましょう

ばっ
どうですか部長

これで業績がどの程度アップする予想なんだね？

このイベントは会社の知名度を上げるためのイベントなのですぐに業績につながるとは考えていません

ギラ

ですが
必ず最終目標に
つながります
ですのでここでは
中間目標として
来客数100を
めざしたいと
思います
100人
ーっ!?
…だめだ
…っ
200人だ

!!
はい!

こうしてかれんたちは
999円のハワイ旅行があたる
ガラポン抽選会の
イベントの準備を始めた。
手作りのチラシを
ポスティングしてもらい
また
営業先や近隣住民
カラオケ教室の生徒たちには
自分たちでチラシを配った
そして
イベント当日――
う
うそーっ!?

ズラー
PDCAツーリスト
リスト

かれんさん…やったー!!
け…景品足りる?

順番にお願いします!
チラシについていた引換券をご用意してください!

こんなに人がきてくれるなんて…!
ムフフ
良かった!これで会社の知名度が上がれば受注も増えて…

かれんさん！
大変です！

警察の人が…！

えっ!?

タッ
どうしたんですか!?

近隣住民から苦情がきまして
路上駐車が多くて車が出せないと

ええっ！

カラオケ教室
ははははっ
いやー この間は 大変だったねぇ
サトさんも ヤスさんも 来ていただいて ありがとう ございました
この街にこんなに 人がいたのかって 言うくらい 集まってたね。
がははは!
でも 近所の人に迷惑を かけてしまったのは… 反省です

まあイベントは 成功したんだから そう落ち込まないで!
厳重注意で済んで 良かったです…

一ついいかな?
あっ先生

イベントが成功して
よかったね
でもね
イベントは続けないと
ダメだよ

?
あ…はい

先生はああ言ったけど
あんなに人が
来てくれたんだから
もう大丈夫よ

しかし
かれんの思いとは
裏腹に
PDCAツーリ

なんで!?
ガタッ
ドラゴン西の言うとおり
その月の受注も
数は増えなかった――

## 02 現実を直視する

### ⇩「現状に対するダメ出し」からスタート

講演やセミナーなどの場で、「経営者のかたはそのままの目線で結構ですが、部長、課長といった役職のかたも、経営者の目線に立って考えてみて下さい。戦略を策定することと立てた戦略を実行させることはどちらが難しいと考えますか？」といった質問をするとどちらにたくさん手が挙がると思われるでしょうか。

どんな会場であっても、やはり**戦略を実行させることの方が難しい**という認識のかたが圧倒的に多いという結果になります。

より詳しくお話を聞いてみると、戦略の策定はまさに自分自身がやる仕事であり、知識が足りないところがあれば、本を読んだり人に聞いたりしながら補っていけるが、実行させることに関しては戦略策定のような明確なフレームワークが存在するわけではないし、試行錯誤を繰り返すことになるという点で難しいと考えてしまうようです。

実行させることが難しいという点は大いに共感できるところですが、**ＰＤＣＡはまさにこのようなタイミングでこそ活用してもらいたい**と思うのです。

ＰＤＣＡが変化のマネジメント手法だと考えると、皆さんの取り組み方そのものが大きく変わるのではないでしょうか。

なぜならば、スタート時点において必要不可欠なのが「現状に対するダメ出し」になるからです。これまでやってきた仕事の進め方ややり方を是として、ＰＤＣＡに当てはめるのとはまったく異なりますね。

しかしながら、いざダメ出しをしようと思っても、いったい現状の仕事の進め方ややり方のどこにダメ出しすれば良いのか、最初のうちはとまどってしまうかも知れません。

人はダメ出しのようなことを考える際に、どうしても「ダメ出しするのであれば、どんな良いやり方をすべきなのか代替案がなければならない」と思い込んでしまい、結果として「さしたる代替案が無いのだから今のやり方を続けるしかない」といった考えに陥ってしまいがちです。

ここで大切なのは、代替案ではなくて「**現状の仕事の進め方ややり方のままでは、出せる結果も大して変わらない**」という現実をまずは直視するということです。

例えば、エリアを担当する営業パーソンがルートセールスで営業活動を展開している地域密着型の専門商社の場合、営業1名が1日15件を訪問することを義務として課しているようなケースが見られますが、そのやり方を続けることで本当に業績向上ができるのかどうかを今一度考える必要があると思います。

新卒採用を担当する人事部門では、採用活動があたかもルーティン業務であるかのように、毎年同じように媒体に広告を出稿し、毎年同じように学生からのエントリーを受け付け、毎年同じように会社説明会を実施し、毎年同じプロセスで面接による選考を実施し、その結果、「今年は学生側の売手市場だったから思うような人数、人材が確保できなかった」といったことになりがちですが、ルーティン業務のように取り組んでいるプロセスそのものを考え直す必要はないでしょうか。

月次決算を担当する経理部門では、月末が近くなってくると処理しなければならない業務が大幅に増えて、それらを処理するために残業が増えたり、場合によっては派遣社員を雇ったりするケースも少なくないようですが、そのような状態を普通だと捉えてしまっている認識こそがそもそも間違っているのかもしれません。

これまでの私のコンサルティング経験のなかから、よく見られるケースを例に挙げましたが、皆さんの会社ではいかがでしょうか。

これらの事例から理解してもらいたいのは、いずれのケースも通常であればおそらく（特に深く考えることもなく）見過ごされてしまうようなものであったり、あるいはわざわざ声に出して言うことでもないだろうと考えてしまうようなものであるということです。

それぞれの会社で取り組まれてきている業務は、過去から引き継がれてきている業務が多々存在しており、長年その方法で実施していることもあって、そのやり方が〝常識〟〝当たり前〟だと刷り込まれてしまっているものも少なくありません。つまり、それらが問題だと気づくスタート地点にすらなかなか立てなくなっているのです。

## ⇩〝チャレンジングな高い目標〟を掲げる

この状況を打破するために必要不可欠なのが、**まず〝高い目標〟を立ててみて、それが達成可能なのかどうかをじっくりと検討してみること**です。

売上目標、粗利益目標、営業利益目標、従業員一人当たりの生産性目標、残業時間削減目標、採用数および質の必達目標、月次決算の早期化目標等々、組織の役割によって目標とすべき項目は当然異なってくると思われますが、それらをさまざまな視点で捉え直しながら、〝チャレンジングな高い目標〟を掲げるのです。

その〝高い目標〟に対して、今までの仕事の進め方ややり方のまま、従業員それぞれに頑張ろうという気持ちがあれば達成可能なのかどうか問い直してみることです。

おそらく「今のままでは無理だ」ということになるでしょう。

ここで落胆する必要はありません。今の仕事の進め方ややり方で出せているのが今の結果なのですから、むしろ当然のことであり、大切なのはその点に気づくことなのです。

# 「すべき目標」で〝変化〟を起こす

## 過去志向の「できる目標」

では、〝チャレンジングな高い目標〟とは具体的にどう立てていくべきでしょうか。

実は、意外にもこのスタートでつまずいてしまうかたが多いと感じるのですが、〝意外〟だと思っているのは私くらいで、実際は〝多い〟わけですから、「やっぱりそこは難しいでしょう」と思われるかたの方が普通なのかもしれません。

このテーマで、まず最初にお伝えしておかなければならないことがあります。

特に、評価制度をしっかりと作り込んで運用している企業の場合、ある時期に流行った〝目標管理〟の考え方を取り入れているケースが多く見られます。

経営陣の定めた目標を一方的に落とし込んでしまっていることが、現場の〝やらされ感〟を招いてしまう、あるいは〝ノルマ〟を課せられているという意識に陥ってしまうことで、結果としてモチベーションの低下を引き起こしてしまっているのではないか、といった反省のもとに、「自ら考えて実行する」自発的な社員育成のためには、「自分で目標を立ててその達成率で評価する」といった考え方がそのベースにはあります。

おそらく、「自分の会社もまさにその評価制度だ」と思われているかたも一定以上の割合でいらっしゃるのではないかというくらい、評価制度としては一般化してきています。

もうお気づきだと思いますが、このような**評価制度で高い評価を得ようと考えれば、目標を低めに抑えることによって当然達成率も高まりますから、低い目標の方が圧倒的に有利**なわけです。もちろん、あまりにも低い目標については、そもそも上司や人事部門の承認を得られないでしょうが、これまで出してきた成果プラス$\alpha$の目標であれば、承認に関しても不可能ではないでしょう。

このようなマイナスの側面もあることに気づきながらも、「その点は十分理解していますが、何とか打開策はありませんか?」というご相談を受けること

もあります。

評価制度そのものを変えるとなると、全社的な取り組みにならざるを得ませんし、そんなおおごとにはしたくないという気持ちも十分に理解したうえで、やはり評価制度を変えない限りは難しいでしょう、とお伝えしています。

評価制度は、その評価という結果が、賞与、昇給、昇級昇格、人事異動等々に反映されるものであり、従業員にとっては生活がかかっているものです。

よって、制度として真面目に運用している会社であればあるほど、そこで働く従業員は多かれ少なかれ「高い評価を獲得」しようという意識があるわけであり、そのこと自体は決して間違っているわけではありません。

そもそも評価制度とは、会社として「どんな従業員をめざして欲しいのか」「どのように会社で活躍してもらいたいのか」が落とし込まれたものになっていてしかるべきものですから、時代に合わなくなった、あるいは方針に合わなくなったと感じるのであれば、直ちに変えるべきなのです。

## 未来志向の「すべき目標」

では、〝チャレンジングな高い目標〟の立て方に話を戻しましょう。

人が〝チャレンジングな高い目標〟を立てられないのは、評価制度に起因することだけではありません。「達成できそうな気がしない」から立てられないというのがどちらかというと真実であり、責任感の強いかたであればあるほど見えていない（イメージできない）目標は立てられないのだと感じます。

ここで、最初に必要なのは未来志向の考え方です。

今までの仕事の進め方ややり方を前提にすると、〝チャレンジングな高い目標〟は考えづらいというのはむしろ当然のことですが、このような考え方はこれまでの経験に基づくどちらかというと過去志向です。

未来志向というのは、まず3年後あるいは5年後どんな成果を上げているような会社や組織でありたいのか、というところからのスタートになります。

時間軸に余裕がありますから、「その位の期間があるならば一定以上の成長を期待する」スタンスに立ちやすくなります。「現在出している成果のまま続けていければいいいんだ」などと考えるかたの方が少数派になるのではないでしょうか。

「今のままの給与でいいんだ」というかたと「できるならばもっとたくさん給与を貰いたい」というかた、どちらが多いかといえば、当然後者の方が多いですよね。

コンサルティング会社で働いていると、例えば「5年間で売上が2倍」になるような会社や組織がクライアントのなかから出てくるのは珍しいことではありません。

このような事例をお伝えすると、「それはそもそも戦っている市場が成長期にあるからではないですか？」といった質問を受けることが多々あるのですが、飛躍的な成長を遂げる会社はもはや安定期にあるような産業でも見られますし、逆に成長期にある産業であってもなかなか成長できない会社ももちろんあります。

当然、市場が成長期にある方が成長しやすいということはあると思いますが、それよりも決定的な違いは、「**5年で売上2倍のような成長を果たす会社は、そもそもそれを目標として掲げている**」ということです。

5年で2倍を実現しようとすると、少なくとも1年で20％位の成長をしなければなりません。例えば、今年度の売上規模が１００億円の会社であれば、来年度の目標が１２０億円になるということであり、つまりその瞬間はまったく見えていない20億円のギャップを追いかけなければならないことになります。

これを無理矢理課せられたノルマのようなイメージに捉えてしまうと、「絶対に無理だ」、「苦しい」という認識をもってしまうかも知れませんが、「5年後にこうなっていたい」という夢や希望に積極的に向かっていこうというスタンスであれば、「どうやって20億円を作っていこうか」という思考が出てきます。

そこまでくると、今までの仕事の進め方ややり方では達成できないから、どのように変化すればいいのかを真剣に考えるということになるのではないでしょうか。

## ⇩〝変化〟を起こすことを「楽しむ」＝チャレンジ

私がなぜ単に〝高い目標〟というのではなく〝チャレンジングな高い目標〟と表現しているのかというと、〝チャレンジング〟という言葉の響きに「楽しもう」という意図を込めているからです。

「5年後にこんな会社（組織）になっていると皆ハッピーだし、もっと楽しんで仕事できるような環境になるよね、だから全員でこの目標をめざそう」

ぜひ、こんなイメージで取り組んでもらいたいと思うのです。

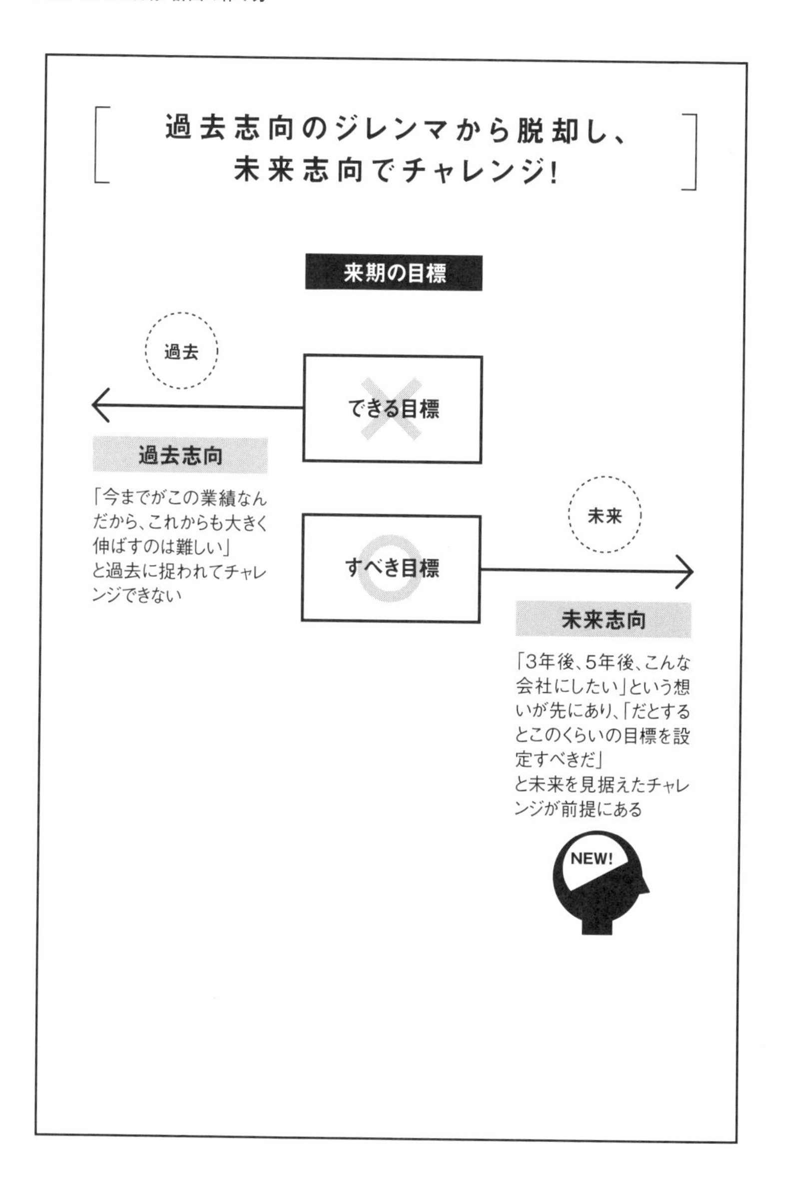
過去志向のジレンマから脱却し、
未来志向でチャレンジ!
来期の目標
過去
できる目標
過去志向
「今までがこの業績なんだから、これからも大きく伸ばすのは難しい」
と過去に捉われてチャレンジできない
未来
すべき目標
未来志向
「3年後、5年後、こんな会社にしたい」という想いが先にあり、「だとするとこのくらいの目標を設定すべきだ」
と未来を見据えたチャレンジが前提にある
NEW!

そのためには、目標を設定する段階では、売上や利益といった数値目標だけではなく、さまざまな要素を考えるようにしてください。

自分たちのビジネスのそもそもの目的は何か？

なぜこの職業を選んだのか？

〝チャレンジングな高い目標〟を達成したとき……

従業員数は何名位になっているのか？

どんな組織構成になっているのか？

どんな新しい取り組み（事業）を推進しているのか？

オフィスはどんな場所に構えているのか？

従業員の平均給与はどの位に上がっているのか？

5年後の具体的な姿をイメージすればするほど、「そうなれれば楽しい」「できることならそうなりたい」という意識に変わってくるはずです。

誤解を恐れずに申し上げると、私は〝チャレンジングな高い目標〟を仮に達成できなかったとしても構わないといった話をすることもあります。

**大切なのは、その〝チャレンジングな高い目標〟を本気でめざすことで起こす〝変化〟なのであって、5年後に向けた初年度目標20％増に届かな**

**かったとしても、〝変化〟が起きていることこそ評価すべき**なのだと思うのです。

〝チャレンジングな高い目標〟を掲げられるような会社（組織）に向かって、ぜひチャレンジしてみてください。それがＰＤＣＡのスタートになります。

Part 1

# Plan／勝てる目標・計画の作り方 チェックポイント

☑多くのかたができていると考えている計画こそが、実は計画の体をなしていない。それは「今まで取り組んできた仕事の進め方ややり方をＰＤＣＡに当てはめようとしている」ことに起因している。

☑「今までの仕事の進め方ややり方のままでうまくマネジメントしよう」などと考えるのではなく、「会社（あるいは所属部門）の業績を向上させるために変化すべきことをマネジメントする」と考えるべきである。

☑ PDCAは「変化のマネジメント手法」として立てた戦略を実行させるようなタイミングでこそ活用できる。

☑「現状の仕事の進め方ややり方のままでは、出せる結果も大して変わらない」という現実をまずは直視する。

☑現状を打破するために必要不可欠なのが、まず“高い目標”を立ててみて、それが達成可能なのかどうかをじっくり検討してみることだ。

☑“チャレンジングな高い目標”とは、「3年後、5年後、こんな会社にしたい」という想いが先にあり、「だとするとこのくらいの目標を設定すべきだ」という未来志向の「すべき目標」（⇔過去志向の「できる目標」）のことである。

☑大切なのは、“チャレンジングな高い目標”を本気でめざすことで起こす“変化”であって、当初掲げた目標に届かなかったとしても、“変化”が起きていることこそ評価すべきである。

# Part 2

# Do／実行段階で「想定外」は起きて当たり前

仕事の進行を妨げる人間の3つの特性というのもあるんです

CAツーリスト
あれから先生の言った通り
会社の知名度の向上と
集客のために
毎月第一・第三日曜日はイベントの日！
PDCAツーリスト
私たちは定期的に
イベントを開催する
ことにしました
よっしゃ！
おめでとう
ございます！

すると営業の途中で
声をかけられることが
でてきました
PDCAツーリストさん
お仕事?
がんばってー

そして営業先でも
話を聞いてくれる
ところが増え
受注数も少しずつ
増えてきたのです
この間のイベント
行ったんだけど
外れちゃってさー
職員旅行
パック
ところで
パンフレット
見たんだけど…

――って
受注数が
増えてきたのは
いいんだけど…
チラ
パタ
パタ

麻美ちゃん
次のイベントの
企画は上がってる？

あっ
えっと…
まだ…です…

ミーティング
明日だよ？
大丈夫？
なんとか
します…！

○○さん

△△企業さんの
社員旅行の
スケジュールの
件なんですけど
これでどうですか？

あれってまだ
出発日2ヶ月も
先でしょ？
もっと詰めて
いいものに
しなきゃ！

部長
先月の売り上げ報告書なんですが…
あー
後にしてくれないか?
いま地域活性化プロジェクトの企画案の修正で手が回らないんだ
かれんさん!
ビクッ
はいっ!
次のイベントのチラシのデザインと印刷部数についてちょっと…
はいはいはいーっ
あれもこれもやらなきゃならないからみんないっぱいいっぱいだよ…!
そんなある日――

みんな喜べ！
地域活性化プロジェクトの件だが市役所とのコラボが決定した！
は!?
「汁もん」フェスってのをやるらしい！
開催日は半年後だ！
ええ――っ!!
まぁいわゆる街おこしイベントだな
だ…だったらもう準備しないと間に合わないじゃないですか！
だからウチに話が来たんじゃないか！
イベントも好調のようだしもうひとふんばり頼むよ～

その日から私たちの仕事は一言で言うなら…
ゲッソリ…
そう…修羅場の様相を呈しました
市役所に打ち合わせに行ってきます！
だっ
溜まってる仕事は帰ってからやります！
えっ⁉ リスケですか⁉ わかりました…
コピー機のトナーの在庫が切れてるぞ！
イベントチラシの入稿ができてませんでした…
えっ 今日お約束していた…⁉ もっ申し訳ございません！
今日○○産業さんへ営業いくって言ってた人いない⁉
えっ？ 市役所に行ってる⁉

部長！
バーン
これ以上の仕事は無理です！
みんな忙しくて手が回りません！
う～ん…
せめて市役所とのコラボだけでも他に回していただけませんか!?
ムリだね
!?
一度引き受けちゃったしね～
それにこれは専務が持ってきた話なんだよ受けるしかないでしょ

うっ
専務が!

専務ってそんなにおっかないいんですか?
コソコソ
社長の娘婿なんだよ
だから部長は逆らえない…

なるほど…

とにかく!なんとかする!
PDCAを回して回して～!
くる
くる
PDCAをハムスターの回し車みたいに言わないでよっ!

それから
半月後——
SHOPPING M
あっ

お店の
イベントで
使おうと？
先生は今度の
ライブで？

そうなんだよ
良かったら
見に来て？
LIVE

あっ
カイトくんも
いるんですね
そう
彼バンドやっててね
ゲストで
わあ～
ぜひ行きたい
です…

？

平山さん
寝不足？
えっ
顔色が
良くないし
クマが…

えっ!?
カパッ
ガ～ン

仕事
大変なの？
実は…

…なるほど

だから
困っているん
ですよ…
みんな
手が回らないのに
部長が仕事を
持ってきて…

やることが
ありすぎて
手が回らないって
本当かな？
えっ？

平山さんは
会社の未来のゴールを
見据えて
ＰＤＣＡのＰ（計画）
を立てた
そしていまは
Ｄ（実行）の
段階にきている
はい

しかし実際に
行動を起こしてみると
うまくいかないことが
出てくるね
そう
なんです！
もう
いっぱいいっぱいで
通常の業務にも
支障が…
想定外の
ことばかり起きて…
もうあり得な――
はっ

想定外は起きて
当たり前だよ

ガーン
あり得ない
ことにも
準備はして
おかなきゃ
グサッ
もちろん
日々の業務を
こなすのは
当然だよ？
ゴーン

そ…
そんなぁ…
毎日毎日
大変な思いで
仕事してるのに――
なんでこんなに
ダメ出しされなきゃ
いけないの――？

ふぅ……
う……っ…
わぁ！

ごっごめん！
泣かないで！
ブンブン
うう…
泣いてない
です…

ちょっと
いじわる
しすぎた
PDCAの
実行段階の
ジレンマについて
教えたかった
だけなんだ

平山さんには
一度決めた計画を
とことんやりぬいて
欲しい
そのための心構えと
人の特性について
知ってもらいたいんだ

…え？

はい
ス・・・・
?
定期ミーティング
キュッ
できた!
重要度高
A
B
緊急度高
緊急度低
C
D
重要度低
これは…?
これは緊急/重要マトリクスです
今日はこれで私たちの仕事の仕分けをします

仕分け…ですか?
これの目的は
本来時間をかけてやるべき業務とは何かどんな業務に時間を取られているのか
を見える化するものです
Aは「緊急かつ重要な業務」
ここにきた仕事は毎日こなさなければいけない業務です
A
Bは「緊急度は低いが重要な業務」
推進したい業務や新たに取り組みたい計画や企画新しい商品やサービスの開発といったものが入ります
B
説明よりまずはやってみましょう

じゃーーん！
重要度 高
A
・営業回り（毎日・1人20件→10件）
・ミーティング（週1、60分）
・添乗（必要がある時）
・売上報告書の作成（毎日）
・各公共交通機関への挨拶まわり
・某旅行雑誌の出版社への挨拶まわり
B
・毎月2回のイベントの運営（企画、チラシ作り、ポスティング）
・当日の接客、列形成、景品の準備、営業所の飾り付け、ノボリの出し入れ
・汁もんフェスの企画（市役所との打ち合わせ、企画書の作成）
・新しいツアーの企画旅行先の下見
緊急度 高
緊急度 低
C
・コピー機のトナーや紙、事務用品の備品の管理
・各公共交通機関への挨拶まわり
・某旅行雑誌の出版社への挨拶まわり
D
・社内の掃除（当番制）→名自で
・おやつの準備買い出し
重要度 低
話し合いの中で移動するもの削除するものなどもありました
もっと忙しいような気がしていたけど…
なんかすっきりしたねぇ…

いままで
やることがありすぎて
手が回らないと
感じていたのは
A～Dまでの仕事が
ごっちゃになって
いたから…
…というのも
あるんですが
…が？
仕事の進行を
妨げる人間の
3つの特性
というのも
あるんです
①はギリギリになるまで
手を付けない
後回しのクセがある人
ギクッ
はっ
わたし…
②は余裕を持った
スケジュールを見積もり
目一杯時間をかける
クセがある人
ドキッ
はっ！
③は複数の業務を
毎日少しずつ進める
または周りの目を気にして
「とりあえず」手をつける
クセのある人
ガーン
オレだ!!

えっ
じゃあいくら仕事を
仕分けても
私たちみたいな
人間ではちゃんと
仕事ができないって
ことですか？
違うの
そうじゃないの
私が言いたいのは
どんなに立派な
目標を立てて
きっちりとした
計画を立てても
実際やってみると
うまくいかないことが
出てくるものなの
ってこと
そうなんだ…
私
想定外のことが
起きたら
ダメなんだと
思ってた
世の中いろいろ
あるからねー
だからこうして
仕事を整理して
みんなの頭の中を
整頓したの

そうそう
整理、整頓
それから
清掃、清潔、躾（しつけ）も
大事ですよ！
これを
5S
といいます

それでは改めて今後の仕事について話し合いましょう
市役所との打ち合わせはもっと詰めてからにしたいねー
チラシのデザインはもうテンプレ化してもいいんじゃない？
ミーティング60分は長すぎじゃない？
わいわい

5Sって当たり前なことだと思うでしょ？
そ…そうですね…

だからこそ目に見える効果はすぐに出ないいんだよね
…

でも
当たり前の
ことこそ
効果的なんだよ
だから平山さんには
一度やると決めたら
成果に転換するまで
決してあきらめて
欲しくないんだ
は、はい…！

僕個人の意見としては
平山さんが
リーダーとなって
みんなをまとめて
ほしいね

えっ
私が…？

…今のところ
正しいPDCAを
会得しているのは
平山さんだけだからさ
…なるほど…
せっかく優秀な
社員たちが
いるんだからね
仕事を
どんどん任せて
育てるといいよ
は、はい！

もうなんとなくわかっていると思うけど…
メンバーの精神状態が成果に影響するから心を整えることはとても大切
心を…？
例えば歌う時絶対に音程を外さないぞと意識すればするほどうまく歌えないことあったよね？
うっ…はい
そのようにあまりに結果にとらわれすぎてしまうと心の状態が乱れていつものパフォーマンスができなくなるんだ。
確かに…そうです
じゃあ他のことに心を乱されず目の前のことに集中できる心の状態にいつもしておくことが大事なんですね
そう
そういう状態をフローというよ

でも
なんだか
難しそうです!
そんなことは
ないさ
例えば
朝から挨拶をするとか
周りの人と
コミュニケーション
とるとか
「そうしているだけで
気分が良い」ことを
実践すれば
フロー状態は作れる
なるほど…
それなら
できそうです
よし
チームをフロー化
すれば最大限の
パフォーマンスが
できるぞ
はい!
それにしても…
こんなにPDCAに
詳しいなんて…
ドラゴン西先生は
一体何者
なんだろう…?

その後——
かれんは
ドラゴン西の
助言を元に
それとなく
営業部の社員たちを
まとめ
サポートしていった

あさり汁
そして
PDCAツーリストと
市役所との
コラボイベントは一応の
成功をおさめたのだった。

打ち上げと反省会を兼ねた飲み会の席
お疲れさまーー！
カンパーイ！
イベントも無事に終わって良かったです！
一時はどうなるかと思ったけど…
なんとかなるもんだなぁ〜
みんな！今回はご苦労だった！
ドキィッ
地域活性化プロジェクトをもっと進めるためにさらに長期的にもっと人を呼べるイベントをやれとのお達しだ！
引き続き頼むぞ！
引き続き頼むぞ…!?

# 〝すべき目標〟を「どうやって」達成するか

## 〝目標〟と〝計画〟の違い

「〝チャレンジングな高い目標〟をどうやって達成するのか」、これが示されているものが計画です。

私は、講演等の場で〝エベレスト登山〟に例えながら計画策定について話をするようにしていますが、そこには2つのポイントが込められています。

ひとつは、〝目標〟と〝計画〟の違いです。

エベレスト登山で考えると、当然〝目標〟は山頂、そして〝計画〟は山頂にたどり着くための登山計画だということは誰でもすんなりと頭に入ってきます。

ところが、いざビジネスということで考えようとすると、〝計画〟のイメージと〝目標〟のイメージをどうも混同してしまう傾向にあるようなのです。最

も顕著な例が、年間の売上目標を月別の月間目標に分解する、さらに商品やサービス別の目標に分解する、顧客別の売上目標に分解する、というようなカタチで分解していくのですが、これはどこまで分解しても、〝目標〟を分解しただけの表でしかありませんね。

〝目標〟を分解しただけの表を作成して〝計画〟を作れたように思ってしまうのは、そもそも〝目標〟を設定する際に〝できる目標〟を掲げてしまっているという、決して良いとは言えない習慣からきているように思います。

なぜならば、**〝できる目標〟を先ほどのように細かく分解していくと、それぞれの目標数値が、今まで通りの仕事のやり方や進め方で届いてしまうように感じてしまう**からであり、そうだとするとさらに〝計画〟を作り込む必要性はありませんからね。

さまざまな企業とお付き合いをしていると、〝目標達成〟や〝計画達成〟という言葉をほぼ同じ意味として使われているケースも決して少なくはありませんが、その根本には〝目標〟と〝計画〟の定義があいまいなままでも不都合を感じなかったことがあります。

まずはこの言葉の定義に気をつけてみて下さい。

## こんなに違う！「目標」と「計画」

### 目標

目標とは、ゴールのことを指している。
“できる目標”の場合、緻密な計画などなくても到達できてしまうことから、“すべき目標”（チャレンジングな高い目標）設定が求められる

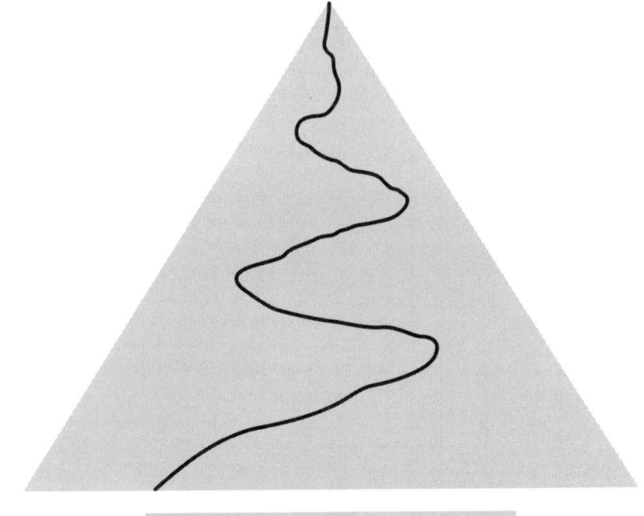

### 計画

本気で目標達成をめざしているのであれば、「どうやって」達成するのかという問いかけに答えられなければならない。
そのための計画には、どんな要素が入っていなければならないのかを自ら考えてみることが大切である

## ⇩〝計画表〟に盛り込むべき項目を考える

2つ目は、〝計画〟を作り込まなければならないという認識の共有です。

エベレスト登山にチャレンジし絶対に成功させようと考えた場合、その登山計画はおのずと考え抜かれたものになるでしょう。

どのルートを選択するのか、どの位の期間を想定しているのか、その間の天候予測、そして必要な装備や食料、さらには過去チャレンジしながらも断念せざるを得なかった登山隊の要因分析等々、さまざまなことを考えながら登山計画を作り込まなければ、不安でスタートすら切れないかも知れません。

ビジネスにおいても、ぜひこのような意気込みで〝計画〟を作ってもらいたいですね。

そのためにも〝計画〟を作り込む際に今一度考えてみてもらいたいことがあります。

ほとんどの企業には、これまでに運用されてきた〝計画表〟があると思いますが、その〝計画表〟は、目標を達成するために考えるべきことがすべて網羅されているでしょうか？

ややもすると、配布された〝計画表〟の空欄を埋めてしまえば、それで〝計画表〟は完成だという意識になってしまってはいないでしょうか？

それぞれの企業で作成されている〝計画表〟のフォーマットは、どちらかというと経営陣が全体の進捗管理を行う目的の方にウェイトを置いている傾向が高く、どうしても最小限の項目になってしまっているように思われます。

大きな変化を要求されない〝できる目標〟に対する〝計画〟ということであれば、それでも十分だと思いますが、〝すべき目標〟つまり〝チャレンジングな高い目標〟を達成するための〝計画〟だとすると、その項目だけを考えていては足りないということになるでしょう。

よって、この**〝チャレンジングな高い目標〟を達成するために、〝計画表〟に盛り込むべき項目は何なのか**をまず考える必要があるのです。

「ウチのリーダークラスにPDCA研修をやってもらいたい」という依頼に対して必ず伝えるようにしているのは、「1日の研修でPDCAマネジメントを全員が理解して実践できるようになることなどないですよ」ということですが、一方で気づきを得るだけで劇的に変わるのが〝計画表〟に盛り込むべき項目に対する考え方です。

その研修では、ひと通り講義の時間をとってもらい、その後はグループディスカッションで、「現在使っている〝計画表〟を埋めるだけで〝目標〟達成は可能なのか？」「本来どんな項目があれば、〝目標〟達成が可能だと思える〝計画表〟になるのか？」を議論してもらいます。

「〝計画〟を作り込む」と言葉で伝えるだけでは、なかなか本来の意図を共有するところまで行き着くことは難しいですが、たとえ研修であっても、自社の事例（実際の計画表）を活用することで、大きな改善の一歩を踏み出せると思います。

# 「重要度は高いが緊急度は低い」を最優先

## 〝計画〟策定には時間が必要

〝計画表〟に必要な項目を考えていくなかで、多くのかたが気づくこととして、〝チャレンジングな高い目標〟を達成するためには、これまでの仕事のやり方や進め方をどう変えていくべきなのかが、計画策定段階である程度具体的に見えていなければならないという事実があります。

今までと同じような仕事のやり方や進め方のままでは、出せる結果もこれまでと大して変わらないのだとすると、では何を変えなければならないのかを最初に示さなければ、実際には何も変わらないということが容易に想定できるからです。

営業部門のように〝目標〟が売上になるような部門であれば、〝チャレンジングな高い目標〟を達成しようと思うと、「新しい顧客をいかにして開拓して

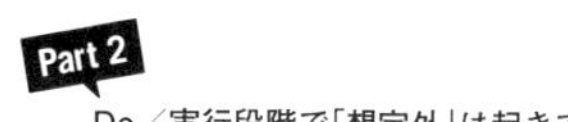



いくのか」「新しい商品やサービスをどうやって付加していくのか」、あるいは「新しいチャネル開拓」「新規出店」といったテーマを考えることが必要になるでしょうし、それらを検討する際には、自部門だけで考えても行き詰まってしまう可能性が高いですね。つまり、計画策定段階から他部門との連携が当然必要になってくるということです。

一般的には、売上のような数値目標を追いかけることのない管理部門のような部門であっても、生産性向上は求められるでしょうから、「月次決算の早期化のような業務のスピード化」「管理部門における残業代削減」「離職率を最小限に抑えるための従業員満足度向上」等の数値化できるようなテーマを設定する必要がありますが、そういった指標についても、他部門との連携を図りながら最適な目標を設定しなければなりません。

ここで申し上げたいのは、**〝変化〟が求められるような〝計画〟を策定する際に、必然的に必要となってくるのが準備をする時間**だということです。

これまでの自社のマネジメントの流れを振り返ってみて下さい。

例えば、来期の計画の提出を求められるタイミングはどうでしたか？

比較的多い3月決算の企業では、やはり提出が3月に入ってからというのが最も多いパターンですが、その計画書作成に要する期間が1~2週間程度しかとられていないように思います。
意識としては直前に迫っている決算期の着地に向けての比重が高まっているからという理由も、それはそれで大いに理解できるところですが、はたしてその程度の期間で、大きな変化に向けた〝計画〟の作り込みができるのかははなはだ疑問だと言わざるを得ません。
何しろ、現場に近ければ近いほど、やらなければならない日常業務というのが多々あるはずですから、準備期間が1~2週間というケースにおいて、実際に計画作成業務にかけられている時間は1~2日間がいいところでしょう。
そのような状況において、先ほどの例で示したような他部門との連携を図る時間が確保できているとは思えませんし、ともすると同じ部門の中での議論もほとんどできていないのではないでしょうか。
しっかりとした議論を通じて〝計画〟を作り込むのであれば、少なくとも2ヶ月間位の準備期間が必要だという前提でスケジュールを組まなければならないと思います。
新しい仕事のやり方や進め方へと〝変化〟させることを考えると、本来なら

## 緊急×重要マトリクス

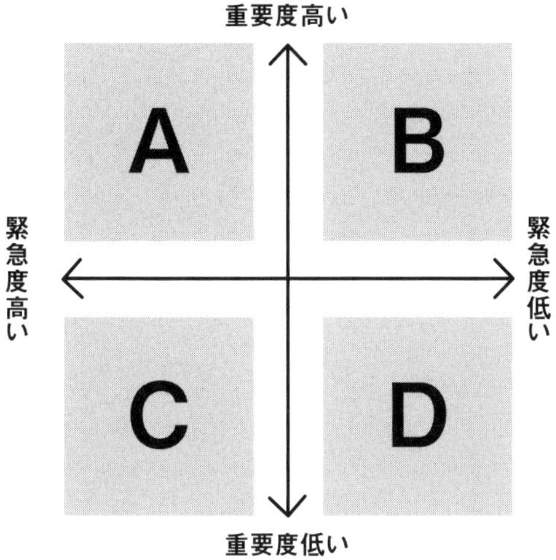

・「この仕事は重要度が高い（低い）、この仕事は緊急度が高い（低い）」を仕分けする際に、まず自分自身が組織に求められる役割を十分認識する必要があります。

・A、Cの比重があまりにも多い場合は要注意。

・なぜならば、結果としてBに入るような仕事に向き合う時間がなくなってしまうからです。

・「計画を作る」ような仕事は、Bに入りますので、特にマネジャークラスのかたは、現場の作業に忙殺されることなく、しっかりとBの時間を確保する意識が大切です。

ば余裕をみて3ヶ月間程度の想定がちょうど良いのではないでしょうか。

現場に近くなればなるほど、日々こなさなければならない日常業務との兼ね合いがあるので、スケジュール的な余裕をみておかなければ、ディスカッションに必要な時間をとることができなくなるからです。

## ⇩仕事の時間配分を意識する

このようなスケジュールを考える際に、皆さんにぜひ意識していただきたいのが、仕事の時間配分です。

縦軸に重要度の高低、横軸に緊急度の高低をとって整理する、緊急×重要のマトリクス表をご存知のかたも多いと思います。

自分の日々行っている業務は、「緊急度も重要度も高い」「重要度は高いが緊急度は低い」「緊急度は高いが重要度は低い」「緊急度も重要度も低い」のうち、どの象限に位置づけられるのかを整理する表ですね。

例えば、過去1週間程度の自分の業務をすべて洗い出したうえで、4つの象限のどこに位置する業務なのかを決めるわけですが、このとき、重要度の高さや緊急度の高さを決定するためには、「**そもそも自分の果たすべき役割は何**

**か」**を今一度再認識しておかなければなりません。

なぜならば、例え同じような業務であったとしても、役職者と役職のつかない一般従業員であれば、重要度、緊急度の高さは当然変わってくるからです。

このマトリクスから再認識すべきことのひとつに、**「重要度は高いが緊急度は低い」業務に対してしっかりと時間をかけられているか否か**があります。

リーダークラスであれば、〝計画〟を作り込む仕事が「重要度は高いが緊急度は低い」業務の代表例ですが、皆さんはいかがでしょうか。

緊急度という概念では、どうしても低くなってしまう傾向にありますので、緊急度の高い業務にさらされるほど後回しになってしまいがちです。

その事実を認識するためのマトリクスであり、認識したうえで「いかにしてその時間を確保するのか」について考えることが大切なのです。

そもそも緊急度の高い業務にばかり時間をとられてしまう原因が、（計画策定のような）重要度の高い業務を後回しにしているからなのかも知れません。

このような悪いスパイラルから脱却を図るためにも、スケジュールを立てる際に、「重要度は高いが緊急度は低い」業務を最優先するといった工夫が必要です。

Part 2

# Do／実行段階で「想定外」は起きて当たり前

## チェックポイント

☑“できる目標”を（年間→月間、商品・サービス別、顧客別に）細かく分解していくと、それぞれの目標数値が“計画”を作り込まなくても今まで通りの仕事のやり方や進め方で届いてしまうように感じてしまう。

☑本気で“すべき目標（チャレンジングな高い目標）”達成をめざしているのであれば、「どうやって」達成するのかという日々の計画レベルでどんな要素が入っていなければならないのかを自ら考えてみることが大切である。

☑“変化”が求められるような“計画”を策定する際に、必然的に必要となってくるのが準備をする時間である。

☑「緊急×重要マトリクス」で重要度・緊急度の高さを決定するためには、「そもそも自分の役割は何か」を今一度再認識しておかなければならない。

☑リーダークラスの場合、“計画”を作り込む仕事のように、「重要度は高いが緊急度は低い」業務に対してしっかりと時間をかけられている必要がある。

Part 3

# Check・Action／CAは超短期サイクルで回す

PDCAツーリスト
2年待ったが業績は目標に達していない！
どうなっているんだ！
あ、あの…
言い訳はいい！
専務 東山 将
はっ はいっ！

そもそも
月2回のイベントとは
なんだね？
営業は足で
稼ぐもの…
そんな
いい加減なことを
やっているから
ダメなんだ
はあ
もっともで
ございます…

ちょっと待って
ください
カッ

受注数だけで
判断しないで
ください
パカッ

なんだと？

定期的にイベントを開催することで、この2年で来客数はこれだけ伸びています
案件の種類も団体の受注数は減っていますが個人のは伸びています

つまり君は私のやり方には反対だと
あわわわ…
…反対というか…
それを変える時に来ているのではないでしょうか!?

ビキッ
!!
すみません専務…
ちょ、ちょっと平山くん!
パタン

わかった
えっ

ガチャ

わかってくれたみたいですよ部長…
パタン
だといいんだが…
あんまりひやひやさせないでくれ

数日後
ツーリスト

え！また専務が!?

今日は皆に
彼を紹介しに
来た
経営
コンサルタントの
北尾さんだ
会社の
業績アップのために
力を貸していただく
ことになった
以後
彼の言うことに
従うように
北尾です
よろしくお願い
します
ええっ!?
では
おひとりずつ
ヒアリング
させてください
私に呼ばれたら
こちらの部屋へ…

絶対かれんさん集中攻撃ですよあれ！
や…やばいかも…

そわ
そわ

平山かれんさんこちらへお願いします
は、はいっ

第3会議室
皆さんからお聞きしたのですが
月2回のイベントや普段の仕事のやり方など平山さんが中心となってやっているそうですね
ええ…まあ…

専務のやり方に
異を唱えている
ようですが
なにか考えが
あるんですか？

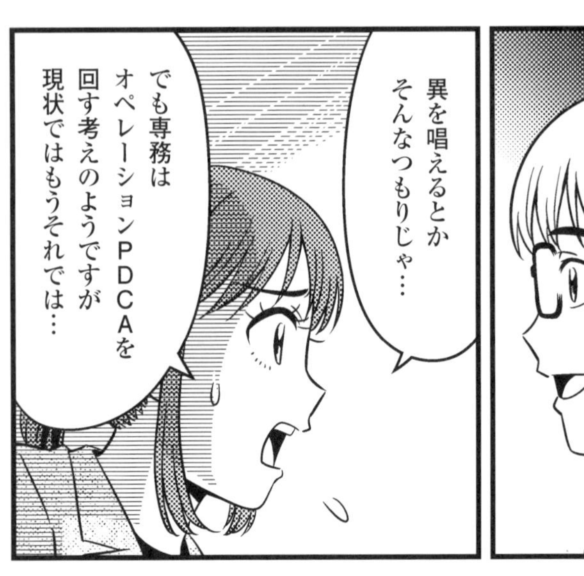
異を唱えるとか
そんなつもりじゃ…
でも専務は
オペレーションPDCAを
回す考えのようですが
現状ではもうそれでは…

これからは
戦略的PDCAを
回すべきだと
思ったので…
!?

あの
オペレーションPDCAとか
戦略的PDCAとかって
どこで勉強したんですか？
えっ
いえっ…
勉強っていうか
その…
カラオケ教室の
先生が
そういうのに
詳しい人で…

…それは
もしかして…

あの…？

そうですか
ありがとう
ございました
もう戻っても
いいですよ

数時間後
応接室
北尾さん
社員たちは
どうでしたか
やっぱり
使えませんか

とんでもない
すごく有能な
社員たちばかり
でしたよ
なっ!?
ガタッ
そんな
馬鹿な!
実際問題
この2年で業績は
大して改善して
いないんですよ?
見てください
この2年間の
受注数の
グラフです
フンッ
これなら
見ましたよ
業績は目標値に
達していません
評価に値
しないですね
専務
自分が理解している
ことだけが
絶対ではないんですよ
……どういう
ことですかな

目立って
気になることに気を取られ
背後にある事実を
検証しないままでは
正しい評価は
できません
事実を正しく認識し
その事実をどう
理解すべきなのか
考えなければ
いけません

まずはきちんと
現状を正しく把握
しましょう
……

この2年間の
業績を見ると
確かに目標値には
達していません
しかし
来客数が
伸びています
ペラッ

団体の案件数は
横ばいですが
個人の案件数が
増えています
つまり…
つまり？
営業のやり方を
変えたんです
法人の顧客は
これ以上伸びないと
判断し
個人客の獲得へ
シフトしたんですね

しかし…
専務
あなたは2年間一度も途中のチェックをしませんでしたね
…っ！

それは当然だ2年間と言ってあったからな
ドカッ
現場は早い段階で2年で目標値をクリアするのは難しいと判断したんです
そして短いスパンでクリアできる別の目標を立てた
すなわち受注数より来客数を伸ばすようにシフトしたんです

なっ勝手に…
短いスパンで評価できればすぐに改善のための手が打てます
効率的なやり方です

現状を把握して目標を立て
行動し
短いスパンで評価し
必要なら改善策をとる…。
これは理想的なPDCAサイクルですね
P
A
C
D
CYCLE!
営業部は正しいPDCAを回しているようです
しかし…しかしな！
うちはうちのやり方があるんだ
勝手に変えられては私のメンツが…
私のやり方にご不満でしたら私は手を引かせていただきます
それは困る！
ガチャ
！
あっ！

営業部
ガチャ
皆さん
少しいいですか？
!!

社長!?
みんなに
話がある
いいかな？

話は聞いた
地域活性化プロジェクトなんだけど実は誤解があったようだね
誤解…ですか？
実は私はこのプロジェクトは10年計画のつもりだったんだよ
えっ!?
でもどうか専務を責めないでやってほしい
そんな…責めるなんて
彼も私も社員のほとんどがこの町の出身だ
だから、みんなここがどれだけ危機的状況にあるか肌で感じている
だからこそ結果を急いでしまったんだろう

旅行会社を
立ち上げたのも
この町の人とモノが
たくさん行き交って
もっと栄えて欲しい
との願いからだ
だが過疎化は進み
すっかり活気が
なくなってしまった
酒
大野書店

こうなったら
1年や2年で
どうこうできる
ものじゃない
何年もかけ
こうなってしまった
町は同じ時間を
かけなければ
戻らないんだよ
……
PDCA
ツーリストは
旅行を通じて
長期的、持続的に
利益が出る商品を
作らなければならない
そして
何年もかけて
この町に活気を
蘇らせる
これが私たちの
最大の目標であり
使命だ
田中商店
八百八

さすが社長〜！
会社だけでなく地域の未来もお考えになっているとは素晴らしいです！
へへ
へへ
我々も今まで以上に粉骨砕身切磋琢磨して…

ねっ！みんな！

…あれ？
!
!
!

今までのような突発的なイベントじゃなく
汁もんフェスのような地域色の濃い企画が必要だね
でも、できれば作られた名物よりもともとここにあるものを押し出したいですねぇ

…あるの？
うう～ん…

名物は何も食べ物だけではありませんよ

その土地に行かなければ見られない風景なども観光の目玉になります
田園風景や山からの景色海岸など

確かに！
漁港や朝市なんかもメインにしているツアーがありますね

あの…

…私の祖父のお寺の周辺は秋の早朝霧で真っ白になるんです
こういうのって目玉になりますか…？

なにそれ！すてきじゃない！
ああ あそこ！
霧であたり一面真っ白で山のてっぺんのお寺の五重の塔だけが見えるんですよ

それは幻想的な風景ですね
いいかも！

霧の里…
いや「乳白の里」という名前でツアーを組んだらどう？
「乳白の里」か…

これは…
いける!!
ザ
ワッ
!
うん
いいね
乳白の里
プロジェクト、
やってみなさい
君もみんなを
サポートして
やるんだよ
はい!

その夜
カラオケ教室
やっぱり
西江先生！
あっ
平山さんから
お話を聞いて
もしやと
思ったら！
お久しぶり
です！
え!?
あ〜あ
見つかっちゃったか…

ど…
どういうこと!?
多分
先生の前の会社の
お知り合いじゃない？

先生って
いったい…？
知らなかったの？
先生
昔社長さん
やってたのよ
社長!?

先生の本名は西江龍介って言うんだよー
聞いたことない？
あっありります！
確か…若くして会社を立ち上げあっという間に急成長させた伝説のベンチャー企業社長…

ってえぇーっ!?
いや隠していたわけじゃないんだけど…

どうりでPDCAに詳しいと思ったら…
ポカーン
西江先生

平山さんを見てすぐに先生が教えているとわかりました
彼女のPDCAの考え方やそれに伴う行動力は先生にそっくりでしたから
それにカラオケの先生とか…
歌うのお好きでしたよね

どうか
私と一緒にもう一度
コンサルタントとして
働いてくださいませんか?
!!

いや
断るよ
今のほうが
性に合って
いるんだ

…そうですか
ホッ

ところで
どうして北尾と
平山さんが?
それがですね…
かくかく
しかじか
そうか…
それじゃあ
会社一丸となって
新しい企画にむけて
スタートしたんだね
はい!

これも
北尾さんと
本当のPDCAを
教えてくれた先生の
おかげです！
カラオケ教室

それから――
かれんは
PDCAのノウハウを
最大限に活かして
乳白の里プロジェクトを
進めた

そして
最初の
ツアーの日――
わーーっ!!

綺麗ー!!

こうして
乳白の里ツアーは
大成功をおさめました

# 〝顧客との約束〟を再定義する＝KPIを見直す

## 「顧客との約束」は何か

〝チャレンジングな高い目標〟を達成するためには、今までと同じ仕事のやり方や進め方のままでは難しい、この考え方を前提にすると、「では何を変えるのか」に答えを見出さない限り、計画策定はとても難しい作業になります。

まず何を考えれば、その問いかけに答えられるでしょうか。

私がお勧めするのは、**〝顧客との約束〟を再定義する**ことです。

〝顧客との約束〟を示すことが出来ている企業とは、例えば「私どもの会社はお客さまにコレを約束します」と宣言した際のコレが、顧客からの期待に合致している企業です。

顧客からの期待に合致しているということは、その約束を果たす行動をとることが、売上・利益につながっているということになります。

## 「顧客との約束」を考える視点

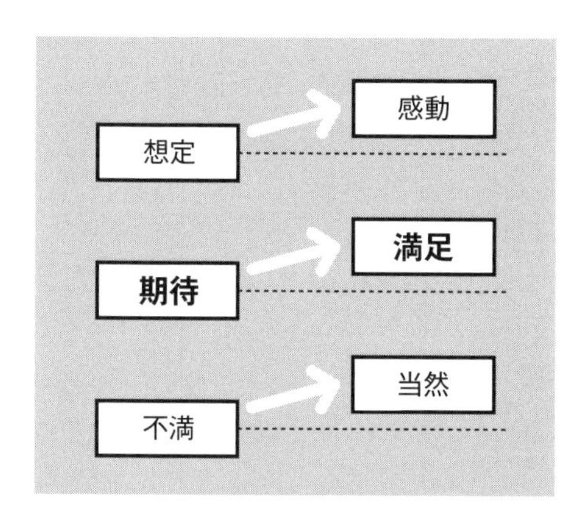


・顧客が自社に「期待していることは何か」を明らかにしなければならない。

・間違えやすいことのひとつに、「不満を解消すれば満足」という考え方があるが、「不満を解消することは当たり前（当然）」である。

・だからこそ、その本質を捉えるのが難しい「顧客が自社に期待していること」に答えを出し、そのための行動をKPIとして設定すべき。

・近年、感動というキーワードも出てきているが、これは「顧客満足の追求こそが自社の利益につながる」ことを、経営陣から現場従業員に至るまで浸透している企業こそがめざせるレベル。

「顧客満足度の向上」を掲げている企業は非常に多いですが、「顧客満足度の向上のために具体的にどんな行動をとっていますか?」という問いかけに対して、経営トップから現場の従業員に至るまで、明確な答えを得られるようなケースは決して多くはないというのが私の実感です。

おそらく、企業が成長する過程においては明確だった、あるいは明文化されてはいなくても共通の認識として存在していたはずの〝顧客との約束〟を、どこかで見失ってしまったがゆえに、売上・利益が伸びなくなったり、あるいは減少に転じたりしているといった事態に陥ってしまっているのではないでしょうか。

もちろん、戦っている市場そのものが、成長期から安定期あるいは衰退期に移行しているという事実はあるでしょうが、そのような環境変化の中で、「**お客さまが求めるニーズが変わってきたのではないか**」という点においては、ぜひとも今一度問い直してみていただきたいのです。

## ⇩戦略的PDCAへの転換

市場が成長しているなかで自社も成長しているのであれば、PDCAマネジメントにおいて管理すべきＫＰＩを変える必要などありません。そのときのＫＰＩは、意識しているのかどうかはさておき、〝顧客との約束〟に直結するＫＰＩを選択していたはずです。

しかしながら、たとえ市場といった外部環境の変化があるとしても、自社の成長に陰りがみえてきた際には、これまで通用してきたＫＰＩがこれからも通用するのかどうかについて疑ってかかる必要があるということです。

これまで通用してきたＫＰＩを見直すということは、ＰＤＣＡマネジメントにおいて管理すべき重要なポイントを大きく変更することになりますので、私はこのことを、**オペレーショナルＰＤＣＡから戦略的ＰＤＣＡへの転換**といった表現を使っています。

ＫＰＩ見直しの際のよりどころは、「**お客さまのニーズが変化してきているなかで、自社に求められていることは何か**」ということになるでしょう。

つまり〝顧客との約束〟を再定義するのです。

私自身がもっとも数多く経験させていただいている業態に専門商社がありま す。食品、医薬品、菓子、飲料、石油、自動車部品、電材、制御等々、さまざまな市場がありますが、その市場で戦っているいわゆる卸の業態です。

専門商社は、メーカーが管理しきれないような企業規模の法人を、地域密着型の営業体制を築くことでフォローしており、きめの細かい営業、物流、与信といった機能の存在価値によって生き残っている企業が多いです。

ところが、日本国内においては、多くの市場が安定期から衰退期に入ってきているという環境にあるがゆえに、多くの専門商社も戦略的ＰＤＣＡへの転換を求められている、つまり**ＫＰＩの見直しを図る必要性がある**わけです。

## ⇩従来のＫＰＩが通用しない現実

専門商社のように、地域密着型で営業を中心に活動している企業が、かつて採用してきたＫＰＩの代表例として〝訪問件数〟があります。

「営業はどれだけ靴のかかとをすり減らしたかが勝負」といった話を耳にされたことがあると思いますが、まさにその行動を促すＫＰＩですね。

ところが、この**〝訪問件数〟を増加させることで売上を拡大するというロジックが成立しづらくなってきた業界が増えてきている**のが実態です。

これはなぜかということを考えてみましょう。

市場の成長期というのは、専門商社のターゲットとなる営業先がどんどん増えていく時期になります。そのような環境下においては、営業担当が１社でも多くの企業にアプローチすることによって自社の知名度を上げることが売上増加につながりやすいということから、〝訪問件数〟をＫＰＩに設定することは理にかなっていると言えるでしょう。

市場の成長に伴って自社の売上も増加している時期は、各企業の売上目標も右肩上がりの成長が前提となっており、新規顧客の開拓が大命題となっています。

そうなると個々の営業の意識は、当然、新規開拓優先となり既存顧客フォローは二の次となりますし、おそらく競争環境としては同業他社も同様の手を打っているはずですから、お互いの既存顧客を獲ったり獲られたりしながらも、新規顧客が増加する分で会社としては成長しているような状況でしょう。

ところが、市場自体が頭打ちになり成長が止まってしまうとどうでしょう。まず、新たなプレイヤーの参入によるターゲット企業の増加がなくなるわけです。

かつてのような新規顧客開拓が思うように増えなくなるなかで、営業の意識は「既存顧客との取引を失ったら大変だ」ということで、既存顧客フォロー優先になります。

成長期には頻繁に起こっていた「最近営業担当も顔出さないから」という単純な理由の顧客離反が起こりづらくなる、つまり「獲ったり獲られたり」といったケースも少なくなってしまうということになりますね。

よって、単純に〝訪問件数〟を増やしたところで売上増加につながらなくなるため、ＫＰＩ自体を見直す必要性について考えなければならないというわけです。

専門商社に限らずとも、営業部門を持ち〝訪問件数〟をＫＰＩに定める企業は少なくないと思いますが、これまで通用していたはずのＫＰＩの効果がみられなくなるという事態は、実に頭の痛い話です。

## ⇩目標に直結するＫＰＩを見つける

状況は極めて厳しいかもしれませんが、一度じっくりとお客さまの真のニーズについて考えてみる絶好の機会でもあります。

また、自社が一定以上の売上・利益を維持できているということは、自社との取引を続けることにメリットを見出している顧客が存在しているということとです。

例えば、次のように考えてみることもできます。

新規開拓が難しくなってきて、既存顧客を維持するためのフォローを最優先してきた結果、顧客の離反を食い止めることができているのであれば、そのフォロー活動はお客さまの真のニーズに合致していると考えられるのではないでしょうか。

そもそも新規開拓が難しくなっていることの背景には、新規ターゲットとしている企業はすでに競合他社の既存顧客であり、競合他社の営業担当も同じようにフォロー活動を優先しているからこそ自社への切り替えが難しいということもあるでしょう。

ということは、**既存顧客を維持するためのフォロー活動が、お客さまの真のニーズに何らかのカタチでつながっている**といえるはずですから、そこを突き詰めていく必要がありますね。

ある専門商社では、「まず既存顧客のフォローと同じくらいの労力を新規ターゲットに対してかけてみよう」という話になりました。

その専門商社では、取引額の多い得意先に対して1週間に2回（1回当たり

30分程度）のフォロー活動をしていましたので、それをそのまま新規ターゲットに対して実行するということです。

そうなると、たくさんの新規ターゲットを追いかけるのは時間的に不可能になりますので、おのずと新規ターゲットを絞り込むことになりますが、そこにひとつポイントがありました。絞り込むことで、その新規ターゲットの現状を事前に調べる余裕が生まれるのです。

既存顧客のフォロー活動の合間に、ランダムに新規開拓をしていた頃はまったくできていなかった行動です。そもそも営業担当一人当たりのターゲット数も多くて、調べる気にもならなかったということもありますし、少しくらい調べたところでメリットを感じる瞬間もほとんどなかったでしょう。

しかし、得意先と同じくらいの労力をかけるとなると、ある程度の情報をもっていなければ、それもままならないということもあり、そこに変化が生まれたのです。

活動を継続するためにさまざまな工夫をした結果、新規開拓における一定の効果を確認できたこともあり、その専門商社における新規開拓のＫＰＩは〝面談時間〟に設定されました。

**「新規ターゲットを絞り込む」「面談の対象はターゲット先のキーマン」といった前提条件があり、あとは〝面談時間〟を積み重ねていく**工夫をしていくということです。

この活動のトライアルをしながら導き出したお客さまの真のニーズは、「お客さまは新しい情報や困っていることを解決してくれる情報を欲している」ということでした。

これまでは、専門商社の営業担当がそれに応えられるなどとは思ってもいないから、期待すらしていなかったというのが本音らしいのですが、実際にそれができた瞬間「〇〇さん、いいね」という声が聞けるのです。

よって、この専門商社では、**〝顧客との約束〟を「お客さまを一歩先回りした情報を提供する」と再定義**して営業活動全体を見直しました。

これが大きな変化なのか、ちょっとした変化なのかは、受けとめるかたによって異なるかもしれませんが、**活動を推進するためには〝計画〟を作り込む必要がある**ことについてはご理解いただけるのではないでしょうか。

# 07

# 〝あるべき姿〟に到達するための〝好ましくない事象〟の解決策

## ⇩現場で起きている問題をどうするか

〝チャレンジングな高い目標〟を達成するために、今までの仕事のやり方や進め方を変える〝計画〟を作り込むことが必要ですが、実はもうひとつ、この〝計画〟に盛り込むべき要素があります。

それは、まさに**現在起きている問題に対する解決策**です。

〝チャレンジングな高い目標〟に対しては、「できれば達成したい」とほとんどのかたに思ってもらえるものだと思いますが、一方で、「現場にはまだまだ問題が山積しているのに、それに対して手を打つことなく目標達成できるなんてまったく想像できないな」と思うかたも決して少なくはありません。

もしかすると、その目標が経営トップから示されたものであるとしても、「うちのトップは全然現場のことをわかってくれていない」という気持ちに

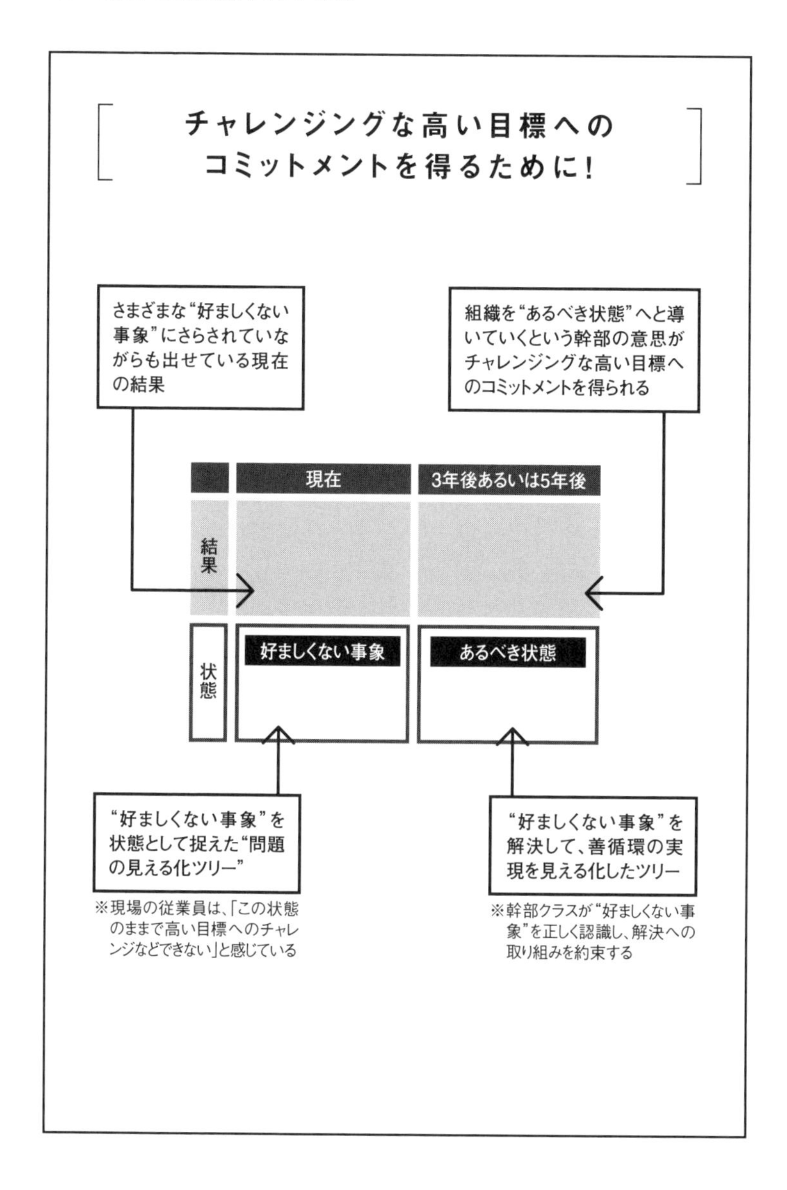
チャレンジングな高い目標への
コミットメントを得るために！
さまざまな"好ましくない事象"にさらされていながらも出せている現在の結果
組織を"あるべき状態"へと導いていくという幹部の意思がチャレンジングな高い目標へのコミットメントを得られる
現在
3年後あるいは5年後
結果
状態
好ましくない事象
あるべき状態
"好ましくない事象"を状態として捉えた"問題の見える化ツリー"
※現場の従業員は、「この状態のままで高い目標へのチャレンジなどできない」と感じている
"好ましくない事象"を解決して、善循環の実現を見える化したツリー
※幹部クラスが"好ましくない事象"を正しく認識し、解決への取り組みを約束する

なってしまうかもしれません。

ただでさえ、現在の仕事のやり方や進め方を変えることは、現場にとって大きなストレスのかかる話ですから、まさに今直面しているであろう現場の問題を無視したままに進めることなどできないのです。

## ⇩合意形成のための手法

この問題解決に取り組む際に気をつけなければならないことがあります。

組織的に問題解決に取り組む場合、スタート時点で**「確かにこの問題が最も重要な問題である」という合意形成**を図らなければなりません。

合意形成がないと、「うちのリーダーはこれが最大の問題だと言っているけれども、自分はそうは思わない」と異なる意見をもったメンバーを放置してしまうことになり、解決策を推進していく力が結集しないからです。

会議やミーティングの場において、いわゆる「声の大きい」かたが発言した内容に対して異論や反論は出てきていないにもかかわらず、そのかたのアイディアや提案が進展しないような経験が少なからずあるのではないでしょうか。

それは、合意形成が得られていないからにほかなりません。

だからこそ、問題解決のスタートとして、ほとんどのメンバーが合意するステップが必要不可欠なのです。

よって、まず一定の時間をとって議論する必要があります。

この合意形成のために、私がクライアント先で実施している手法をお伝えしましょう。

**①現場を熟知しているキーマンを一同に集める**

集まるメンバーは企業の状況にもよりますが、少ない場合は5〜6名、多い場合は30名を超えるケースもありますが、1グループはすべて5〜6名になります。現場で起きていることを認識していることが条件です。

**②個々人で〝好ましくない事象〟を書き出す**

ポストイットを活用して、それぞれが1枚に1つ〝好ましくない事象〟（いわゆる問題）を書き出す。あえて〝好ましくない事象〟と表現しているのは、気になっていることをすべて表面化させる意図〟がある。少なくとも1名10枚程度を書き出す。

**③グループで出たポストイットを各自が説明しながらカテゴリー分けする**

組織の〝好ましくない事象〟としてグループメンバーが合意できるものなのか否かを確認するとともに、どんなカテゴリーのものが書き出されているのか各カテゴリーに名前をつける。この時点で各カテゴリーの〝理想の状態〟を議論することで、〝好ましくない事象〟が放置できないものだという認識を共有する。

**④ポストイットを因果関係で関連づけながらツリーを作成する**

ある〝好ましくない事象〟は突然単独で発生するものではなく、何らかの要因があって発生するし、その〝好ましくない事象〟が異なる〝好ましくない事象〟を発生させていることもある。よって組織で起こっている〝好ましくない事象〟は、ひとつのツリーとしてつなげられる、という考え方に基づき、グループ内で議論をしながらツリーを完成させる。

このステップで作成したツリーを〝問題の見える化ツリー〟と呼んでいま

す。

〝問題の見える化ツリー〟は、組織で起きているあらゆる問題を因果関係でつなぐことで〝状態〟として把握しているので、**メンバーそれぞれの気になっている問題が必ずツリーのどこかに存在**します。

因果関係に関しても、どちらが原因でどちらが結果なのかを丹念に議論しながら作り上げていくので、結果として反論の余地はほとんどありません。

つまり、**最も重要なのだけれどもなかなか一筋縄ではいかない問題の合意形成を、一気に図ることができる**というわけです。

しかも、この〝問題の見える化ツリー〟は、**わずか2日間程度で完成させることが可能**です。

通常、外部のコンサルティング会社に依頼した場合、個別のインタビューを複数名のかたに実施、それと並行しながら内部データの分析、あわせて現場業務の確認等々、相応の時間がかかってしまいますが、それがわずか2日間である程度終わらせられるスピード感に加えて、**スタートの段階でゆくゆくは問題として出てくる社内のコミュニケーションギャップを埋める**効果もあるのです。

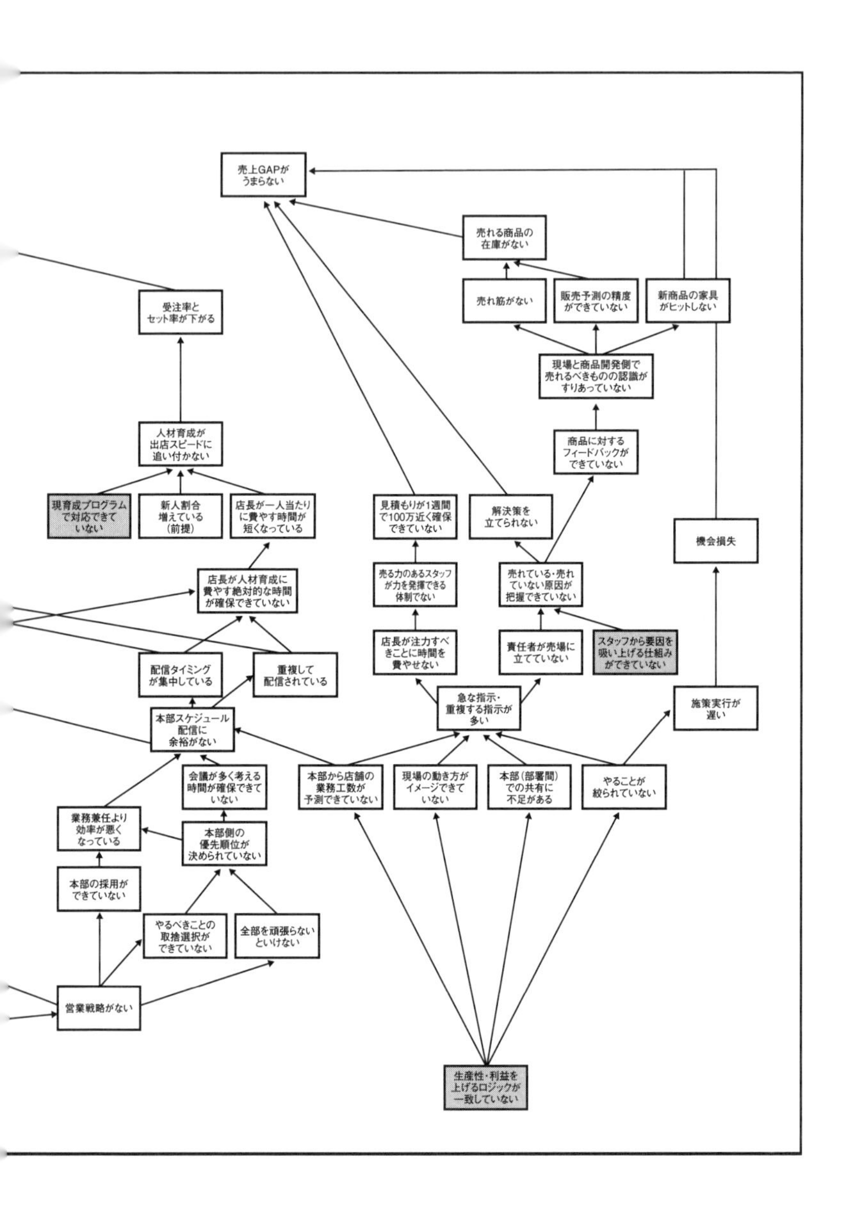

売上GAPが
うまらない
売れる商品の
在庫がない
受注率と
セット率が下がる
売れ筋がない
販売予測の精度
ができていない
新商品の家具
がヒットしない
現場と商品開発側で
売れるべきものの認識が
すりあっていない
人材育成が
出店スピードに
追い付かない
商品に対する
フィードバックが
できていない
現育成プログラム
で対応できて
いない
新人割合
増えている
(前提)
店長が一人当たり
に費やす時間が
短くなっている
見積もりが1週間
で100万近く確保
できていない
解決策を
立てられない
機会損失
店長が人材育成に
費やす絶対的な時間
が確保できていない
売る力のあるスタッフ
が力を発揮できる
体制でない
売れている・売れ
ていない原因が
把握できていない
店長が注力すべ
きことに時間を
費やせない
責任者が売場に
立てていない
スタッフから要因を
吸い上げる仕組み
ができていない
配信タイミング
が集中している
重複して
配信されている
急な指示・
重複する指示が
多い
施策実行が
遅い
本部スケジュール
配信に
余裕がない
会議が多く考える
時間が確保できて
いない
本部から店舗の
業務工数が
予測できていない
現場の動き方が
イメージできて
いない
本部(部署間)
での共有に
不足がある
やることが
絞られていない
業務兼任より
効率が悪く
なっている
本部側の
優先順位が
決められていない
本部の採用が
できていない
やるべきことの
取捨選択が
できていない
全部を頑張らない
といけない
営業戦略がない
生産性・利益を
上げるロジックが
一致していない

Part 3



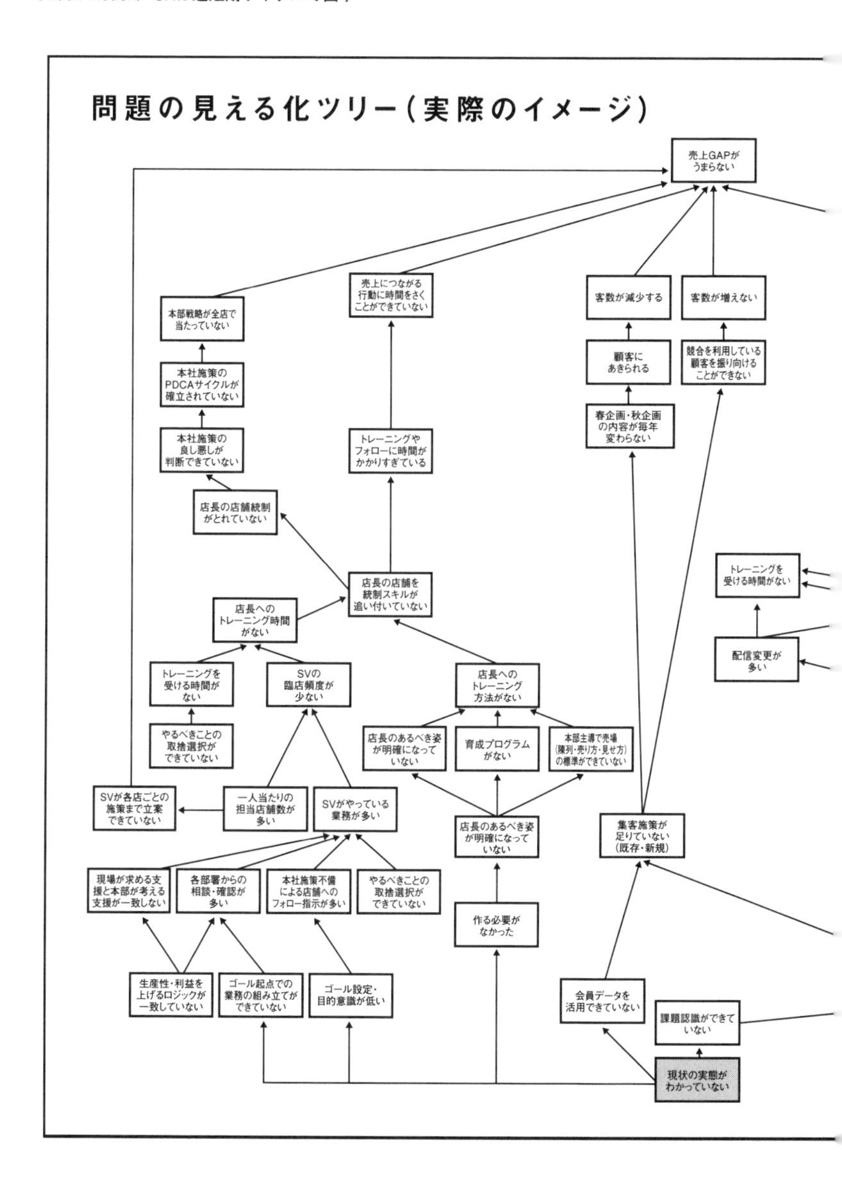
問題の見える化ツリー（実際のイメージ）
売上GAPがうまらない
本部戦略が全店で当たっていない
売上につながる行動に時間をさくことができていない
客数が減少する
客数が増えない
本社施策のPDCAサイクルが確立されていない
顧客にあきられる
競合を利用している顧客を振り向けることができない
本社施策の良し悪しが判断できていない
トレーニングやフォローに時間がかかりすぎている
春企画・秋企画の内容が毎年変わらない
店長の店舗統制がとれていない
トレーニングを受ける時間がない
店長の店舗を統制スキルが追い付いていない
店長へのトレーニング時間がない
配信変更が多い
トレーニングを受ける時間がない
SVの臨店頻度が少ない
店長へのトレーニング方法がない
やるべきことの取捨選択ができていない
店長のあるべき姿が明確になっていない
育成プログラムがない
本部主導で売場(陳列・売り方・見せ方)の標準ができていない
SVが各店ごとの施策まで立案できていない
一人当たりの担当店舗数が多い
SVがやっている業務が多い
店長のあるべき姿が明確になっていない
集客施策が足りていない(既存・新規)
現場が求める支援と本部が考える支援が一致しない
各部署からの相談・確認が多い
本社施策不備による店舗へのフォロー指示が多い
やるべきことの取捨選択ができていない
作る必要がなかった
生産性・利益を上げるロジックが一致していない
ゴール起点での業務の組み立てができていない
ゴール設定・目的意識が低い
会員データを活用できていない
課題認識ができていない
現状の実態がわかっていない

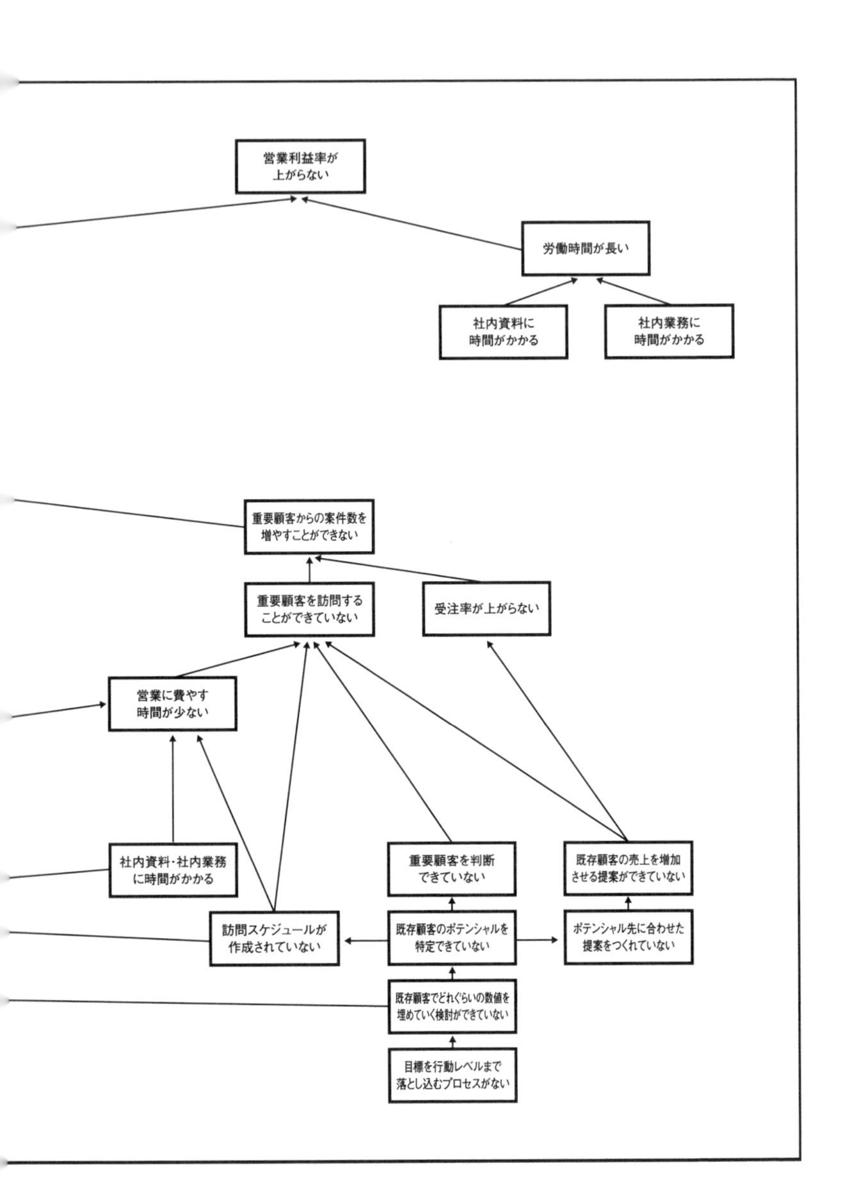
営業利益率が
上がらない
労働時間が長い
社内資料に
時間がかかる
社内業務に
時間がかかる
重要顧客からの案件数を
増やすことができない
重要顧客を訪問する
ことができていない
受注率が上がらない
営業に費やす
時間が少ない
社内資料・社内業務
に時間がかかる
重要顧客を判断
できていない
既存顧客の売上を増加
させる提案ができていない
訪問スケジュールが
作成されていない
既存顧客のポテンシャルを
特定できていない
ポテンシャル先に合わせた
提案をつくれていない
既存顧客でどれぐらいの数値を
埋めていく検討ができていない
目標を行動レベルまで
落とし込むプロセスがない

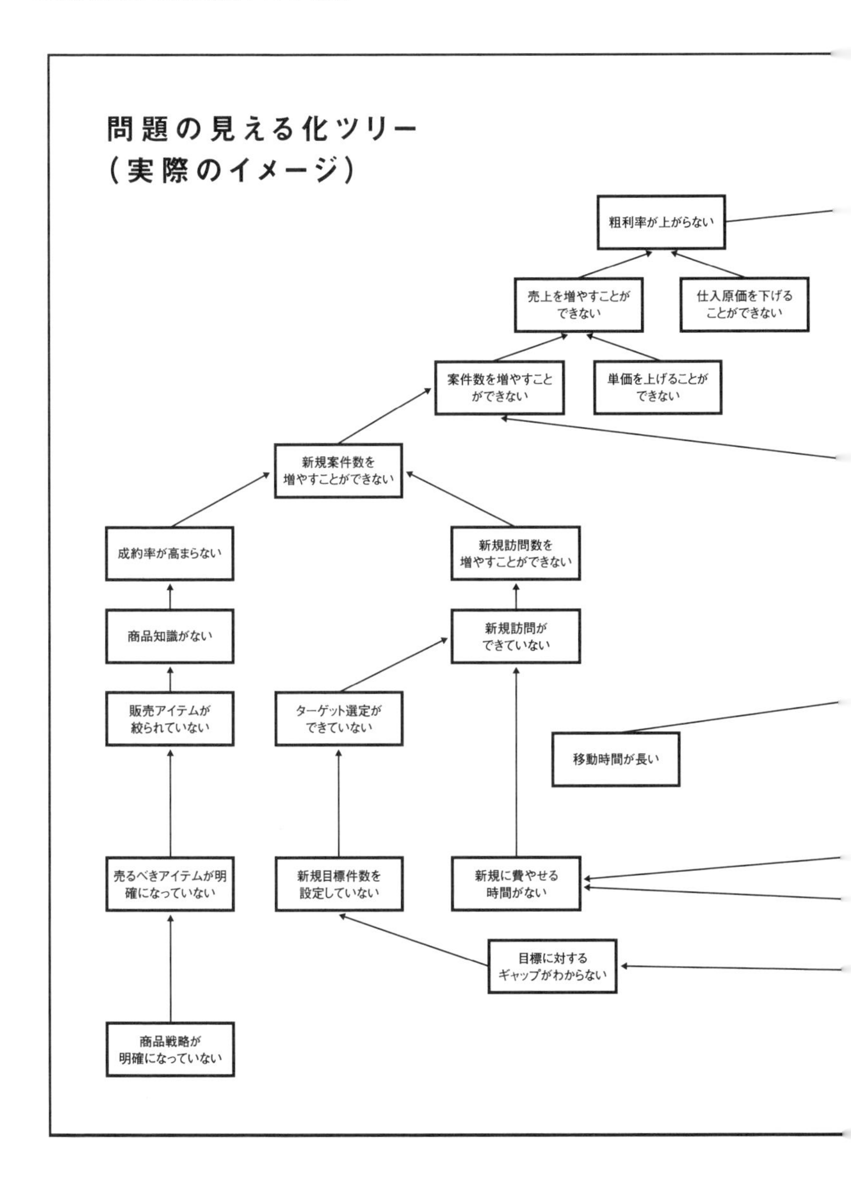
問題の見える化ツリー
（実際のイメージ）
粗利率が上がらない
売上を増やすことができない
仕入原価を下げることができない
案件数を増やすことができない
単価を上げることができない
新規案件数を増やすことができない
成約率が高まらない
新規訪問数を増やすことができない
商品知識がない
新規訪問ができていない
販売アイテムが絞られていない
ターゲット選定ができていない
移動時間が長い
売るべきアイテムが明確になっていない
新規目標件数を設定していない
新規に費やせる時間がない
目標に対するギャップがわからない
商品戦略が明確になっていない

〝問題の見える化ツリー〟が完成した瞬間は、そもそも〝好ましくない事象〟をつないだツリーであるがゆえに、もしかすると「ひどい状態の会社だな」などと思ってしまうかも知れません。

しかし、その**〝好ましくない事象〟**の因果関係は、それぞれの事象を**〝好ましい事象〟**に変えることが出来れば、その状態は非常に良い状態だということです。

その非常に良い状態こそが、その組織がいったんめざすべき**〝あるべき姿〟**です。

〝あるべき姿〟に到達するためには、〝問題の見える化ツリー〟の状態を解決していくための打ち手が必要になりますから、その**打ち手を講じていく〝計画〟**が必要です。

このように、現在起きている問題を〝状態〟として認識し、解決策まで示していくことによって、**〝チャレンジングな高い目標〟に対する組織的なコミットメントを獲得することができる**のです。

# 〝計画〟には、〝実行〟面における〝変化〟が要求されている

## 〝目標〟と〝計画〟の比重は極めて高い

ＰＤＣＡマネジメントにおいては、〝チャレンジングな高い目標〟に対するコミットメントを醸成し、その〝目標〟を達成するための〝計画〟を作り込むことによって、おおむねうまく回っていくことがイメージできると思ってもらっても構わないでしょう。

それくらい、ＰＤＣＡの重要性に占める**〝目標〟と〝計画〟の割合は極めて高い**のです。

通常は、Ｐ〝計画〟、Ｄ〝実行〟、Ｃ〝評価〟、Ａ〝改善〟のサイクルを回すといった表現方法が用いられるため、ＰＤＣＡの各ステップに相応の時間をかけながら取り組んでいくイメージになりがちです。

「**ＰＤはできているけれどもＣＡはできない**」といったコメントが多いのは、

まさしくそのあらわれだと思うのですが、そのような認識がＰＤＣＡマネジメントを余計に難しくしてしまっているといっても決して言い過ぎではありません。

中には、「〝計画〟などに時間をかける暇があるのなら、どんどん〝実行〟すべきだ。〝実行〟しながら軌道修正すれば良いのだから」といった意見を聞くこともありますが、こちらも「その通りだ」と言えるものではないでしょう。

単独で動いているのであれば、そもそも自分の頭の中に〝計画〟めいたものが少なからずあると思いますので、〝実行〟優先もある程度可能なのかも知れませんが、組織で動く場合に〝計画〟が示されていなければ、どっちの方向に向かって動くのかが不明確だということになるので、大いにムダが発生してしまいます。

## ⇩〝変化〟を伴う〝実行〟は容易ではない

だからこそ、〝目標〟と〝計画〟の比重は極めて高いということなのです。

〝計画〟を作り込めば、いよいよ〝実行〟の段階に入るわけです。

「どうするのかを決めたのだから、後は粛々と行動に移していくだけだ」〝実

行〟に関しては、このように誤解をしてしまっているかたが多いようなので、ぜひ気をつけてもらいたいと思います。

このフレーズは極めて重要なのであえて何度も使いますが、〝チャレンジングな高い目標〟を達成するための**〝計画〟には、「〝何〟を〝何〟に〝どうやって〟」変えていくのか、〝実行〟面における〝変化〟が要求されている**わけです。

つまり、今までの仕事のやり方や進め方ではない、**新しい仕事のやり方や進め方に変えていく**ということです。

経営者のかたに参加いただいているような講演の場で、よく次のような質問をさせていただきます。

「皆さんの会社において、戦略を策定することと策定した戦略を実行することを比較した場合、どちらの方が難しいでしょうか？　もちろん皆さんは経営者ですから、戦略を策定するフェーズは主にご自身の仕事だと思いますが、策定した戦略を実行するフェーズに関して正しく言い換えると、実行〝させる〟ことになりますが、いかがでしょうか？」

すると、大多数のかたが、「策定した戦略を実行する（させる）ことが難し

## 実行の困難さのイメージ図

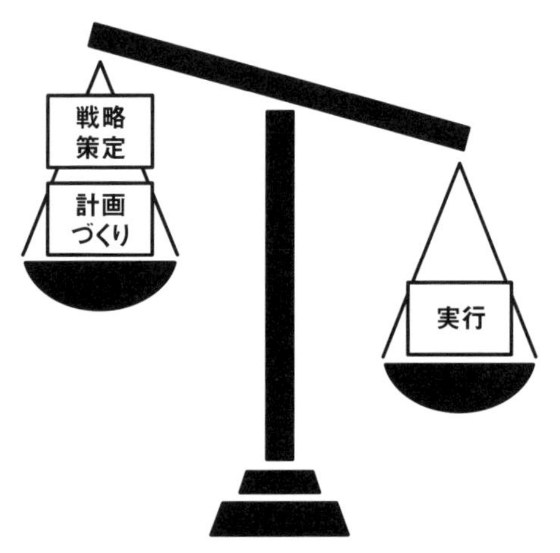


幹部が自らやれること

幹部が自らやらないこと
従業員にやってもらうこと

い」の方に手を挙げられます。

**新たな戦略を策定するタイミングにおいては、当然〝変化〟が伴うでしょうから、おのずと〝実行〟のハードルは上がっている**わけですね。

このように、粛々と行動に……などといった容易なことではないのがこの〝実行〟段階なのです。

## ①専門商社の営業部門のケース

06で取り上げた専門商社の営業スタイル変革を例に説明しましょう。

ＫＰＩを従来の〝訪問件数〟から〝面談時間〟に変えようということでしたが、これは何を意味しているのかというと、〝量〟主体の営業活動から〝質〟を重視した営業活動へと切り換えていこうということです。

特に、新規開拓ターゲット顧客に対して、これ（面談時間増加）を実現させようという話ですから、現場の営業担当にとって実は簡単な話ではありません。

過去に何らかの取引はあるものの現在の取引はない、あるいは取引をしたことのない企業であり、現在は自社からみると競合の専門商社と取引をしている可能性が高いわけですから、ほぼ門前払いに等しいような対応を受けてきたわけです。

〝訪問件数〟を追いかけているのであれば、どんな対応を受けようとも数を回っていればいつかということですが、これが〝面談時間〟に変わった瞬間から、大いなる困難に立ち向かわなければならない状況になります。

例えば、常に持ち歩いている営業ツールはどうなるでしょう。

〝訪問件数〟の頃であれば、複数ある自社の仕入先メーカーの製品パンフレットを持参していれば、それらの話を聞いてくれるかどうかはさておき、営業担当としての格好はつけられました。

ところが、これが〝面談時間〟になると話は変わります。

すでに、競合の専門商社と取引しているようであれば、当然同じような仕入先メーカーの製品パンフレットはそちらの営業担当から説明済みだと考えるべきですから、単純に製品の説明をしようという意識では、おそらく営業ツールにすらなりません。

つまり、**営業ツールそのものを見直さなければならない**ということです。

**〝面談時間〟を稼ぐための武器として必要なものは何なのか、そのために**

**は事前にどんな準備が必要なのか**に、ひとまずの答えを出しながらトライするしか方法はありません。

〝実行〟のスタート段階から、順調に〝面談時間〟を増加できることなど期待する方が間違っているというのが現実です。

もしかすると、なかなか思い通りにはコントロールすることのできない顧客との接点を担当する営業という部門の特性から〝実行〟は難しいのではと思われるかたもいるかも知れませんが、社内の〝実行〟においても大きな差はありません。

### ②人事部門の採用担当のケース

人事部門の採用担当の場合はどうでしょう。

ややもすると、例えば新卒採用のような業務をルーティン業務だと捉えてしまうと、例年と同様の広告媒体を使い、例年と同様にエントリーシートを募り、例年と同様に会社説明会を実施し、例年と同様に複数回の面接で対象を絞り込み内定を出していく、このようなことをやりながら、「今年は学生側の売手市場だったからわが社の採用は思うようにいかなかった」などという振り返りになってしまいます。
冷静に考えると、突っ込みどころ満載だと思いますが、いかがでしょうか。
そもそも外部環境として、学生側優位の売手市場なのか、企業側優位の買手市場なのかは、採用活動に突入する前からニュースにもなっている話題でもあり、わかりきっていることです。
さらに補足的に付け加えておくと、年を追うごとに少子高齢化の影響が顕在化してきているのが実態で、いわゆる生産年齢人口の減少は、個々の企業にとっても決して他人事ではない深刻な問題になりつつあります。
**採用担当に求められるのは、「自社にとって厳しい売手市場だから、いかにしてより優秀な人材・必要な人員数を獲得するか」という工夫であり、その意図が〝計画〟に盛り込まれていなければならない**のです。
このように考えると、毎年のように「今までの採用のやり方や進め方ではない、新たな採用のやり方や進め方」を求められるわけですから、〝実行〟段階において過去の経験でできることなど限られています。
「どれ位の応募母数を集めれば、どれ位の内定数を出せる」という指標自体が、今までの採用のやり方や進め方を前提にしているわけで、そのようなルーティン業務的な認識を採用担当自身が変えていかなければならないということですね。

大きな〝変化〟が求められるので、もちろん〝実行〟も簡単ではありません。

### ③経理部門の出張費精算業務のケース

ルーティン業務といった認識に対する問題については、経理業務であっても決して例外ではありません。

例えば、従業員の出張等で発生する旅費交通費の精算処理業務などの分量が、かなり多く発生するような企業においては、出張した従業員自身がシステム入力および領収書の処理をしない限り、経理部門に仕事が回ってくることはありません。

つまり、処理業務のスタートは出張した従業員に委ねられているわけですが、この処理を個々人が後回しにすればするほど、一度に経理部門に回ってくる業務量が増えていくのは自明の理です。

これが月締めのタイミング等に集中すればするほど、処理を急がなければならない経理部門にとっては残業してでも対応しなければなりませんし、場合によっては派遣社員を雇わなければならないなんてこともあるかもしれません。
このような事態を、毎月恒例のルーティン業務として看過するのか、あるいは管理部門に発生する残業代等の経費をゼロにすべく取り組みを強化するのかによって、事態を大きく変えることも不可能ではありません。
会社の売上増加に直接関わっている部門の方が力を持っているがゆえに、なかなか管理部門の要望が発信できないような事象は、どちらかというと中小企業にみられがちですが、これを放置することによって起きてしまっているムダは決して小さくはありません。
**「どんな行動がそのムダを発生させているのか」「どんな行動に変えることでそのムダを抑えることができるのか」「変えた場合の結果に対するインパクトはどの程度になるのか」を〝見える化〟することで、〝変化〟の機運を作っていく**必要があるのです。
出張費精算業務でいえば、おそらく「出張後○日以内にシステム入力と領収書処理を済ませること」といったルールを決めることになり、行動の〝変化〟を求められた従業員側にはもしかするとちょっとした負担感が出るのかもしれません。

ルールを決めたのになかなか守らない従業員が想定以上の割合でいるでしょうし、あからさまに不平不満を言ってくる従業員もいるでしょう。

しかしながら、このケース、よくよく考えてみてください。

行動の〝変化〟といっても、ほんのささいな〝変化〟です。

その程度のルールは、（小さなムダであっても積み上げていけば大きくなる）大企業であればあるほど明確に定められているでしょうし、そもそも入社時からそのルールであり疑うことすらしない従業員が増えている分、極めて当たり前のこととして運用されているに違いありません。

理解していただきたいのは、その程度の〝変化〟であっても、組織にとっては意外に大きなストレスであり、だからこそ〝実行〟は決して簡単ではないということなのです。

いくつかの事例を用いながら説明してきたように、繰り返しになりますが、決して〝実行〟を侮ってはいけません。

## ⇩DCAを高速で回していくイメージ

では、〝実行〟段階で意識しなければならないことは何でしょうか。

それは、**現場に近ければ近いほど、D〝実行〟、C〝評価〟、A〝改善〟のプロセスをセットで考えるべきだ**ということです。

おそらく多くの皆さんが、「まず〝実行〟」した後に、「どこかの段階で〝評価〟」を実施し、その〝評価〟を踏まえたうえで「どこかの段階で時間をかけて〝改善〟」するといったイメージで捉えてしまっているのではないでしょうか。

例えば、その〝評価〟は月に1回の会議であったり、あるいは四半期に1回、ややもすると半期に1回、といったタイミングを想定しているかもしれませんが、まずはこのような認識を取り払ってしまう必要があります。

なぜかというと、そういったタイミングで実施する〝評価〟や〝改善〟のプロセスは、慣れ親しんでいる〝実行〟を振り返る際、つまりオペレーショナルPDCAを回す際のルーティン的な〝評価〟〝改善〟であり、**〝変化〟を前提とした戦略的PDCAの場合には、それでは遅すぎる**からです。

先に述べた、多くの経営者が「戦略を〝実行〟させることは難しい」と考えていることからもわかる通り、〝変化〟を伴う〝実行〟は、皆さんが想像する以上に難易度が高いです。

難易度が高く、目に見えた成果を実感しづらい〝実行〟に関して、個々人の責任に委ねてしまうのはリスクが大きいと思いませんか。

パナソニックの創業者である松下幸之助氏が次のような言葉を残しています。

**「失敗の多くは、成功するまでにあきらめてしまうところに原因があるように思われる。最後の最後まであきらめてはいけないのである」**

このような言葉を聞くと、「やはり大成功をおさめたかたの含蓄のある言葉だな」と思う反面、斜に構えてみると「成功した人は何でも言えてしまうからら」などと思ってしまうかも知れません。

しかし、さまざまなコンサルティングの現場を経験させてもらっている立場として、改めて考えてみたときに、「まさに本質を突いた言葉だな」と感じるのです。

人はどうしても、自分自身がかけている時間や労力の分だけ成果を求めてし

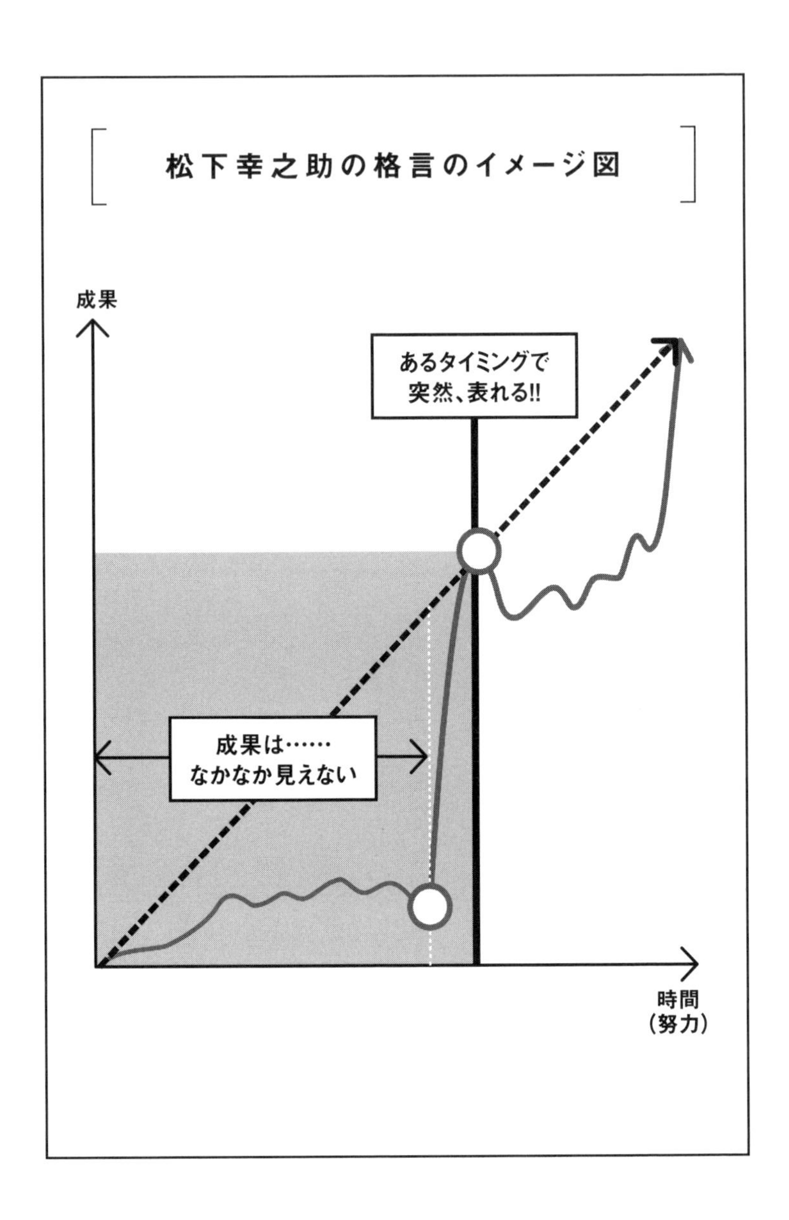
松下幸之助の格言のイメージ図
成果
あるタイミングで
突然、表れる!!
成果は……
なかなか見えない
時間
(努力)

まうもので、成果を実感できる瞬間がこないと、どうしてもあきらめてしまう傾向にあります。

〝計画〟策定段階で「やってみよう」と決めたことであっても、〝実行〟段階で少しつまずいてしまうだけで、「このやり方ではうまくいかないのではないか」、「自分たちの業界では通用しないのではないか」といった理由をつけて、〝変化〟前のやり方に戻ってしまうのです。

だからこそ、**P〝計画〟の後のD〝実行〟C〝評価〟A〝改善〟は高速で回していくイメージが必要不可欠**なのです。

## ⇩〝決める〟→〝やる〟→〝体感〟→〝共有〟のサイクルを回す

〝訪問件数〟から〝面談時間〟にＫＰＩを変更した営業担当に話を戻して考えてみましょう。

日々の営業活動のなかで、ここと決めた新規開拓ターゲット企業に対して訪問活動に勤しむものの、なかなか思うように〝面談時間〟を増やすことはできません。

ここで、営業担当にもっとも近い現場リーダーは、毎日その活動内容を確認

〈C〝氷解〟〉しながら、明日以降の営業活動にどう活かしていくのか〈A〝改善〟〉をフィードバックするくらいの意識を持たなければなりません。

だからといって、決して難しく考える必要はありません。

そもそも〝変化〟を伴う〝実行〟ですから、「こうすれば必ず上手くいく」といった成功体験など誰も持っているはずがないのです。

ぜひ、次のような意識を持つようにしてください。

「**〝決めた〟ことを〝やって〟みて、それぞれの〝体感〟を〝共有〟する。この〝共有〟から出てくるアイディアから、次どうするのかを〝決める〟**」

つまり、**〝決める〟→〝やる〟→〝体感〟→〝共有〟のサイクルを回す**のです。

〝実行〟が上手くいかないうちは、ここでいう〝体感〟は良いものではないかも知れませんが、その悪い〝体感〟さえも正直に〝共有〟した方が良いのです。

ここでいう悪い〝体感〟とは、「うまくいかないと感じている感覚」のことで、要するに失敗体験に近い話になりますが、この失敗体験をしっかり活かしながら成功に導いていく流れを作っていくということです。

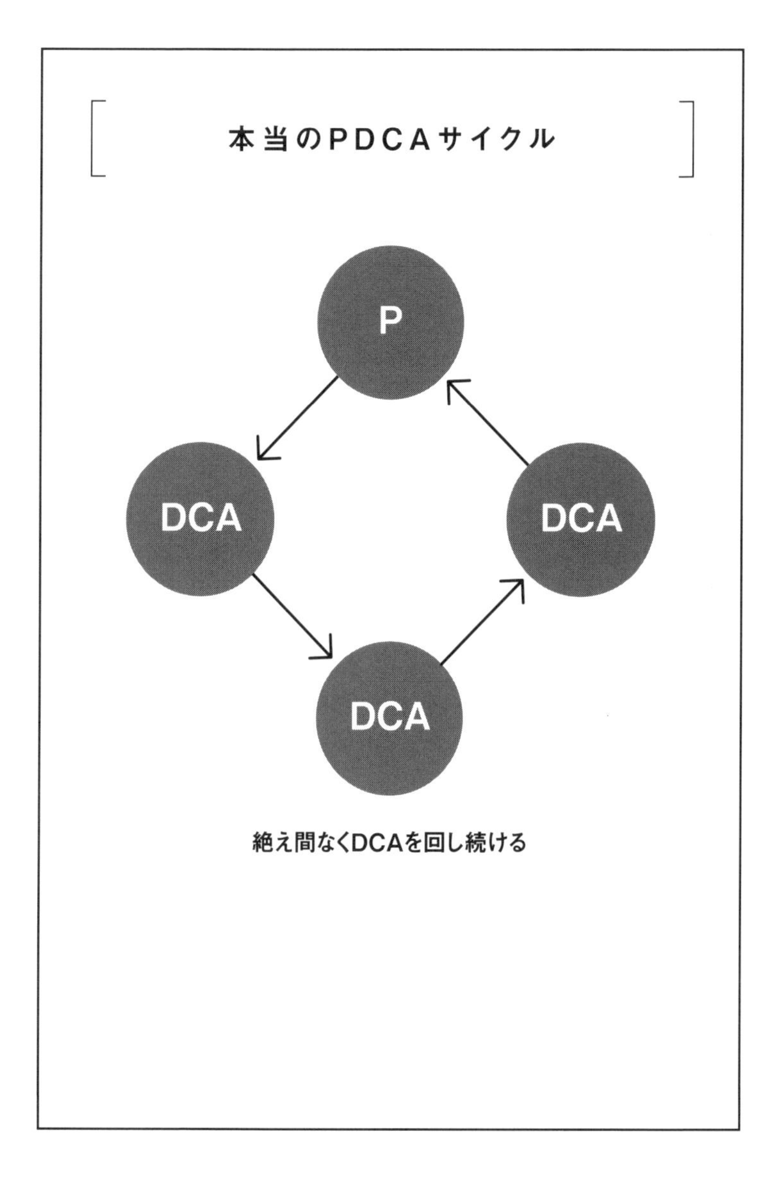
本当のPDCAサイクル
P
DCA
DCA
DCA
絶え間なくDCAを回し続ける

よって、できれば、現場リーダーが中心になってその営業所にいる営業担当を集め、日々の振り返りミーティングを実施するようなイメージで捉えていただければ良いと思います。

ここで現場リーダーというポジションにいるかたに再認識してもらいたいのは、現場リーダーに求められる〝実行〟は決して営業担当と同じではないということです。

**現場リーダーに求められる〝実行〟とは、メンバーとのコミュニケーション**なのです。

日々〝変化〟を伴う〝実行〟にチャレンジしているメンバーと、日々コミュニケーションをとることで、D〝実行〟C〝評価〟A〝改善〟を高速で回していく、これを意識していけば、〝チャレンジングな高い目標〟の達成に向けた〝計画〟が途中で頓挫してしまうことなく、PDCAが回っている状態を作っていけるはずです。

09

# 5Sのススメ

## 5SにはPDCAの要素が当てはまる

ＰＤＣＡをうまく回せるようになるために、ぜひともあわせて取り組んでもらいたい活動に、５Ｓ活動があります。

５Ｓとは、ご存知の通り、整理、整頓、清掃、清潔、躾（しつけ）の頭文字をとってつけられたネーミングになりますが、この５Ｓ活動を徹底している企業に共通していることとして、どの企業も業界内の平均と比較した際に、極めて高い営業利益率を上げているように感じています。

「５Ｓを徹底している企業はすべからく儲かる」といった表現を用いて、講演やセミナーの場で話をさせていただいていますが、その理由として、**5SにはPDCAマネジメントに必要な要素がそのまま当てはまる**からなのです。

「５Ｓは当たり前のことだから、ウチの会社でも取り組んでいます」というかたはやはり意外と多くいらっしゃるのですが、まずこの取り組み方が勘違いのポイントで、「当たり前のことなんだから当たり前にやろう」という意識で取り組んだとしても、「すべからく儲かる」というレベルには程遠いと言わざるを得ません。

私が「5Sを徹底している」と感じる企業のレベルは、やや定性的な表現になってしまいますが、その企業のオフィス、店舗、あるいは工場に訪問した際に、「御社は相当すごい取り組みをされているようで、本当に隅々まで行き届いていますね」と、思わず賞賛の言葉を発せずにはいられないくらいの状態にある企業です。

何がすごいのかというと、来客があるからあわててその状態を作っているわけではなく、常に最高の状態を維持しているという、その背景にある取り組みがすごいわけですね。

「5Sを徹底している」状態を維持しようと考えると、そのスタートは5Sにおける〝チャレンジングな高い目標〟を設定することです。

定性的には「思わず賞賛の声をもらえるくらいのレベル」でも構いませんが、**具体的な〝計画〟に落とし込むためには、5Sの場合チェックリスト**

**を作る必要がある**でしょう。

5Sの項目別に作るとすると、まずは整理です。

整理の定義は「要らないものを捨てること」になりますが、必要なものと不要なものの線引きに関しては社内で合意形成を図っておかないと、個々人の判断に委ねてしまうとバラつきが起こってしまいます。

例えば、どの会社でも見かけるホワイトボード、これを活用するにはホワイトボードマーカーが必要ですが、「いざ書こう」というタイミングで、インク切れの書けないマーカーを手にした経験はありませんか？

私は、コンサルタントという職業柄、クライアント先で残念ながらこの経験をかなりしていますが、もっとも悪いケースでは、複数あるマーカーが結局どれも書けないということもありました。

本来、書けないマーカーは捨ててしまって、新しいマーカーを補充しておけば良いだけの話が、まったくできていないということですね。

ささいなことのように思えるかもしれませんが、これは5Sができていないという話だけでは済みません。

どのマーカーも使えないわけですから、新しいマーカーを持ってきてもらうことになりますが、その間（たとえ5分くらいの時間だとしても）、その会議室にいるメンバーをムダにただ待たせているだけということになります。仮に20名程度の出席者がそこにいれば、延べ１００分をムダに費やしているということです。

考えていただきたいのは、このようなムダに対して何も感じない会社が、競合他社よりも高い利益率を上げられるような会社になれるのか、ということです。

この話は、５Ｓ活動のうちの整理にしか過ぎませんし、整理にもさまざまな対象がある中でのひとつにしか過ぎない話ですが、それだけでも大きなインパクトがあるわけです。

**整頓、清掃、清潔、躾と、チェックリストを作成していくだけで、相応のインパクトに気づける**ことが容易に想像できるのではないでしょうか。

## ⇩〝組織の判断基準とコミュニケーション〟が必要不可欠

このチェックリストが、ＰＤＣＡマネジメントに置き換えると〝計画〟ということになりますが、これを〝実行〟に落とし込む際に、ホワイトボードマー

カーの事例で少し触れましたが、**個々の判断基準に委ねていては5Sの徹底に至りません。**

マーカーの場合では、たとえ薄くても書ければ捨てなくていいのか、捨てるタイミングの合意形成を図っておかなければ、まだ少し書けるから捨てなくてもよいという判断が蔓延してしまい、結果、書けないマーカーが残されてしまうのです。

このケースで「やはり判断基準を明確にしないと5Sの徹底は無理だな」と感じるのが、おそらく「まだ書けるのだからもったいない」と、**どちらかというと「良かれ」という判断のもとに行動していることが、逆に作用してしまう**ということです。

だからこそ、**組織の判断基準を作ることが必要不可欠であり、そのためにはコミュニケーションの時間をしっかりとらなければなりません。**

整理は「何がどんな状態になると捨てるべきなのか」、整頓は定物定置の話ですから、「何をどこに置くのがベストなのか」、清掃は「どの場所をどんな状態にしておくのか」など、そこで働いている従業員が意思決定しなければならないのです。

この過程を踏んでいる組織は、どちらかというと必然的にコミュニケーションが良くなる傾向が高いのですが、それはどうしてだと思いますか。

あえてお聞きするのは、それこそが5S活動の醍醐味だからです。

まず、5Sには、それを実行する担当部門などありません。

あらゆる部門が、通常任されている役割の業務を超えて協力する体制を築かなければならないので、よく話題に上がる**「部門間の壁」といったことが解消**されます。

また、**上司や部下といったポジションもまったく関係ありません。**

5Sを徹底している企業をみると、どちらかといえば上司の立場にいるかたが率先垂範で取り組んでいるケースの方が多いくらいで、指示命令系統を作って動かしていくような活動ではないのです。

その場所で仕事をしている誰もが、5S活動を推進していくなかで、同じ判断基準を作り上げ、その**基準に合わない状態や行動に対して、部門や役職等に縛られずに、問題点を指摘したり、改善提案ができたりする**わけですね。

組織にこのベースがあれば、PDCAマネジメントに限らずとも、さまざまな取り組みができるようになるはずです。

「当たり前のことを当たり前にやれる」
ぜひとも数多くの会社が、この強さを獲得してもらいたいと思います。

Part 3

# Check・Action／CAは超短期サイクルで回す

## チェックポイント

☑「顧客との約束」を考える視点として、顧客が自社に「期待していることは何か」を明らかにする。

☑ KPI見直しの際のよりどころは、「お客さまのニーズが変化してきているなかで、自社に求められていることは何か」ということになる。

☑既存顧客を維持するための活動が、顧客の真のニーズに何らかの形でつながっていることを認識して、計画を作り込む必要がある。

☑現場で起きている“好ましくない事象”を正しく認識し、打ち手を講じて“あるべき姿”へと導いていくことで、チャレンジングな高い目標へのコミットメントを得られる。

☑組織的に問題解決に取り組む場合、スタート時点で「確かにこの問題が最も重要な問題だ」という合意形成を図らなければならない。

☑“問題の見える化ツリー”は合意形成を短時間で一気に図ることができるうえ、社内のコミュニケーションギャップを埋める効果もある。

☑ PDCAにおいては目標と計画の割合は極めて高い。計画には、「何をどうやって」変えていくのか、実行面における変化（新しい仕事のやり方や進め方に変えていくということ）が要求されている。

☑新たな戦略を策定するタイミングにおいては、当然変化が伴うので、おのずと実行のハードルは上がる。

☑現場に近ければ近いほど、D実行、C評価、A改善のプロセスをセットで考えるべき。変化を前提とした戦略的PDCAの場合には、DCAは高速で回していくイメージが必要不可欠である。

☑「失敗の多くは、成功するまでにあきらめてしまうところに原因があるように思われる。最後の最後まであきらめてはいけないのである」

☑「決めたことをやってみて、それぞれの体感を共有する。この共有から出てくるアイディアから、次どうするのかを決める」決める→やる→体感→共有のサイクルを回す。

☑現場リーダーに求められる実行とは、メンバーとのコミュニケーションである。

☑ 5S（整理、整頓、清掃、清潔、躾）にはPDCAマネジメントに必要な要素がそのまま当てはまる。

☑ 5Sでは、チェックリストを“実行”に落とし込む際に、組織の判断基準を作ることが必要不可欠。そのためにはコミュニケーションの時間をしっかりとる必要がある。

☑ 5Sにより「部門間の壁」が解消されるうえ、基準に合わない状態や行動に対して、役職・ポジションに縛られずに、問題点を指摘したり、改善提案ができるようになる。

Epilogue

# 次の新たなPDCAにつなげる

月2回の
イベントの日
毎月第一・第三日曜日はイベントの日
PDCAツーリスト
あれから
数ヶ月——
私たちは
正しいPDCAを回しつつ
相変わらず忙しい
毎日を過ごしています
みなさん
乳白の里ツアー
来年の予約の
問い合わせが
来てます!

本当!?
やったね!
よっしゃー!!

でも
想定外のことは
よく起きるし
毎日が順調という
わけにもいきません
かれんさん!
!

それで
いきましょう!
はい!
そろそろ
時間だ

それじゃあ
開店します！
ガラララ…
はい！
目標を達成しても
また次の目標をめざして
PDCAを回していく――

いらっしゃいませ！
私たちはPDCAを回し続けて成長していくんです

【著者プロフィール】

## 川原 慎也（かわはら　しんや）

船井総合研究所　上席コンサルタント
福岡県北九州市出身
米国自動車メーカー日本法人に約7年間在籍、販売会社への出向、人材開発、ブランドマネジメント、新型車のローンチプロジェクト等を経験した後、1998年船井総研入社。
中小企業に強みを持つ同社のコンサルティング領域を、戦略立案から実行支援まで一気通貫で落とし込む展開スキームを確立することで、中堅〜大手企業にまで拡大させてきた第一人者。
クライアント企業のスタッフとともに変革を推進していくコンサルティングスタイルは、「結果的に次世代リーダーの輩出につながった」と数多くの高い評価を獲得している。
2012年7月に発売された『これだけ！PDCA』が15万部とヒットしたことをきっかけに、PDCAマネジメントの導入から定着に至るまでのコンサルティング依頼が飛躍的に増加し、組織変革のタイミングこそがPDCAマネジメントの使いどころだという認識を強く持つようになる。
近年は、これから多くの日本企業が直面する課題である“生産性向上”を具現化するためのコンサルティングスキームの構築に尽力しており、2017年からは社内に「生産性向上コンサルティング事業グループ」を立ち上げた。
営業・販売面の一人当たり（売上）生産性向上もさることながら、間接部門の業務処理における生産性向上、残業コストの大幅削減といったさまざまなテーマに対応しており、特に大企業と比較した際に生産性が上がりづらいといわれる中堅・中小企業をターゲットに上げている成果は注目度が高い。
生産性向上コンサルティングのベースには、PDCAマネジメントコンサルティングにおいて培ったノウハウが数多く盛り込まれており、「やはりビジネスの基本はPDCA」だということを強く実感している。

■著書
『図解＆事例で学ぶPDCAの教科書』（マイナビ出版、2016年）
『[ポイント図解] PDCAが面白いほどできる本』（KADOKAWA／中経出版、2014年）
『これだけ！5S』（すばる舎リンケージ、2013年）
『これだけ！PDCA』（すばる舎リンケージ、2012年）
『絶対に断れない営業提案』（KADOKAWA／中経出版、2012年）

編集協力／MICHE Company, LLC
シナリオ制作／松尾陽子
カバーイラスト・作画／谷口世磨

---


# マンガでやさしくわかるPDCA

2016年12月30日　初版第1刷発行
2017年 1月30日　　 第2刷発行

著　者 —— 川原　慎也



発行者 —— 長谷川 隆
発行所 —— 日本能率協会マネジメントセンター
〒103-6009 東京都中央区日本橋2-7-1 東京日本橋タワー
TEL 03 (6362) 4339 (編集) ／ 03 (6362) 4558 (販売)
FAX 03 (3272) 8128 (編集) ／ 03 (3272) 8127 (販売)
http://www. jmam. co. jp/

装丁／本文デザイン・DTP——ホリウチミホ（ニクスインク）
印刷——シナノ書籍印刷株式会社
製本——株式会社三森製本所



ISBN 978－4－8207－1955－7 C2034
落丁・乱丁はおとりかえします。
PRINTED IN JAPAN